JN045750

曹洞宗大本山永平寺唐門（勅使門）と五代杉

柳戸　弘誓院観音堂

龍泉院坐禅堂開単式　2013 年 3 月 24 日

参禅会・梅花講の成道会　1994 年 12 月 3 日

泉十九夜講 供養記念　1988 年 3 月 6 日

泉待道供養記念　1990 年 3 月 3 日

ああ勇壮な開山松
（1967 年 2 月）

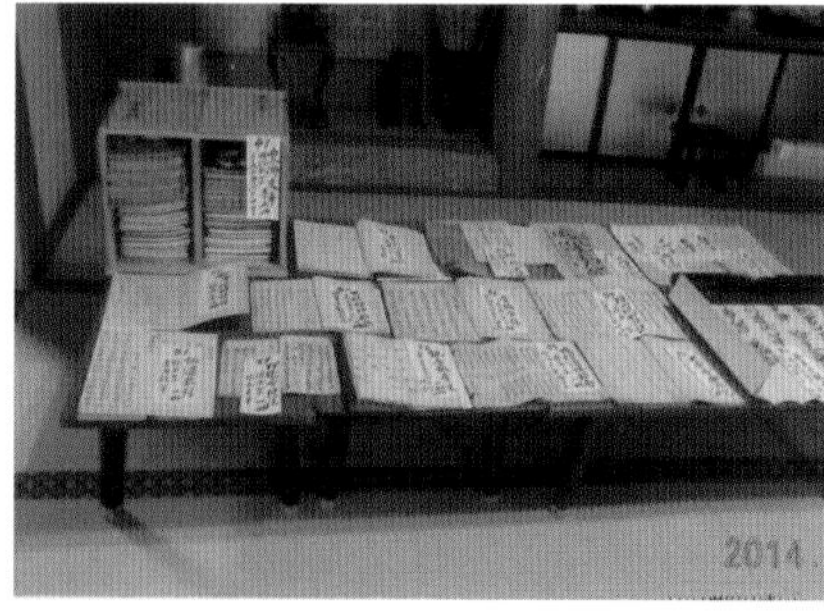

豊洲文庫の一部（2014 年 11 月 6 日）

大人がよく見とれていた龍泉院十界図　1985 年 7 月 22 日

参禅会の活動
（中では勉強、外では作務）
1990 年 6 月 8 日

参禅会員と筍掘りと歓談
2023 年 5 月 3 日（武田博志氏撮影）

初徒弟・伊藤幸道君の得度式　2002 年 12 月 8 日

伊藤君得度式・成道会の参衆　2002 年 12 月 8 日

一夜接心会の円成　2004 年 6 月 6 日

新発田市 菅谷山へ礼参　2009 年 10 月 29 日

山門頭の杉と梨花
1985 年 4 月

参禅会活動の歳末助け合い托鉢を JR 柏駅前で
2004 年 12 月 18 日

一所懸命の梅花講員の皆様
2022 年 4 月 8 日

庫裡内仏の多宝如来
1987 年 12 月 23 日

第 36 回　成道会
2006 年 12 月 6 日

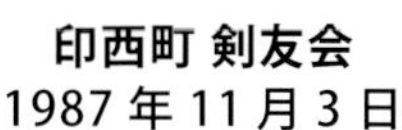

印西町 剣友会
1987 年 11 月 3 日

珍貴なクマガイ草
1988 年 4 月 28 日

椿　松井隆氏撮影
1999 年 4 月 5 日

彼岸花とあげは蝶
1990 年 10 月 1 日

師家会を引率して、江西禅跡へ　右は石附禅師
2011 年 11 月 11 日

早春の連翅
2014 年 4 月 15 日（松井隆氏撮影）

解体前の旧本堂
1980 年 10 月 15 日（小浦昭一郎氏撮影）

はしがき

私はこれまでに『沼南の宗教文化誌』と『沼南の宗教文化論集』各一冊を刊行しているから、沼南の宗教文化に関する小著としては本書が第三冊目となるし、これで終焉である。

だがしかし、本書は従前の二冊とは、範囲・内容・成立のいずれも大巾に異なる。

まず範囲であるが、本書は沼南・泉・龍泉院（歴史・宗教文化）、椎名宏雄の生きざま、の四分（又は五分）とした。「沼南」は文字通りかつての沼南（初めは村、間もなく町となり柏市に吸収合併されるまでの五十年間）、「泉」は明治初年までの泉村（昭和三十年四月以降は沼南の中の大字名）、龍泉院以下の範囲は記述通りであるが、歴史も宗教も文化も椎名個人の部分も確然と分け難い個所がある。それは、全体的に見れば、それらはいずれも寺の歴史を構成しているからであり、便宜的な区分と諒解していただきたい。なお、若干の附録を付した。

さて、私は生まれこそ東京であったが、第二次世界大戦直前から龍泉院という農村の寺で生かされて、その間昭和三十三年から五十年以上に亘って住職を続けてきた。それは有難かったの一語に尽きるのであるが、その間に当然ながら当地域の状況も寺院環境も大きく変化した。それらを直接に体験し見聞してきた私としては、どうしても後世に記録しておくべき責任と義務を負わされていると痛感する。ただし、あまり範囲を広げていては冗長に駄するばかりであるから、前述の如き範囲に限定せざるを得ない。

しかも一昨年来の脳梗塞に加えて、昨年からは大怪我という二重のハンデを背負い、歩行も困難な車イスの生活になってしまった。基本図書や資料が手に届かぬ限りは、体験も見聞もほぼ不可能であり、いきおい追憶や憶測の総動員に頼らざるを得ない。したがって主観的な記述が多くなり、個々の関連写真が少なくなったのはそのためである。もしも得る所があるとすれば、それは読者の方が解読し易いように前著より平易な表記を心掛けたことや、口絵を若干多くしたことぐらいであろうか。

こんな経緯で成ったのが本書であるが、第一冊日の補続的な意味と内容もあるので、あえて「続」と命名した。まことにお恥ずかしい雑著ではあるが、それでも手に取りご笑覧下さる方があり、一項目でも得るところがあれば、著者の喜びは言葉で表現できないほど大きい。

令和六年一月十日

龍泉院東堂　椎名宏雄　九拝

椎名宏雄著『続 沼南の宗教文化誌』目次

はしがき

一 沼南の宗教文化

1 中世初めの宗教文化記事／10
2 手賀中学校第三回生同窓会／11
3 草野球「手賀クラブ」の活躍／12
4 郷土史研究会／13
5 道堀家の古文書／14
6 葬馬捨場と児童公園／16
7 貯水池／17
8 鰻の蒲焼きはいずこ／18
9 埋め墓と参り墓／19
10 井戸さらい／20
11 はだし参りとガラガラ／21
12 わらじの抜ぎ場と近所／23
13 蓮田はワシが始めたんじゃ／24
14 弔事の餅／25
15 田植えの移り変り／27
16 子の神権現さま／28
17 炭焼きは材質で決まる／29
18 六道の座は高し／29
19 越中富山の薬売り／30
20 何の虫をどこに送る／31
21 避病所／32
22 沼南のうまい食べ物／33
23 大町桂月と鷲野谷の染谷家／34
24 仏教会の興亡／35
25 自転車通学／36
26 ハイクの布施弁天参り／37
27 手賀中タイムス／38
28 なつかしの有線放送／39
29 新緑に鯉のぼり泳ぐ／40
30 村の紙芝居／41
31 ショウガ穴に落ちた先生／42

32 木舞いかき／43
33 金石調査／45
34 交通ラッシュの病院／46
35 くずっ木さらい／47

二　泉の宗教文化

1 「泉の光」は輝く／50
2 うれつき塔婆／51
3 泉の小字はなぜ成立した／52
4 中城・鈴木らんとう／54
5 四つのホラの成り立ち／55
6 川せがき／56
7 お諏訪帰りは泉の三夜／57
8 泉の床屋さん／58
9 南原の一里塚／60
10 鳥びしゃまつり／61
11 法願さんのご苦労／62
12 泉の盆おどり／63
13 辻堂にも来た天狗党／65
14 戦中戦後の演芸・映画／66
15 泉屋の活況／67
16 屋根屋さん、どこに行ったの／68
17 ナシ屋さん／69
18 五つの大師堂／70
19 なつかしの火の見櫓／72
20 歌人・小泉一郎さん／73
21 江口仁三郎翁の功績／74
22 地区の小神田／76
23 おなばと泉青年館／77

三　龍泉院の歴史

1 泉から龍の出現／80
2 板碑類よ／81
3 山門の土手／82

4　カヤの木は残った／83
5　今は幻の大梵鐘／84
6　亡くし物が出るお稲荷さん／85
7　空前の大授戒会／86
8　仏具類がゴッソリと／87
9　弟は私が殺したの／88
10　幕末の風呂場と井戸／89
11　不動堂が燃えている!!／90
12　二軒だけの開山忌／92
13　龍泉竹径／94
14　社会福祉の珠算塾／95
15　焙炉に消えた古文書／96
16　中台原の荒地よ／97
17　土取場の拡大／98
18　大悲殿斎場／99
19　「お母さん」と呼ばれて／100
20　盗まれたテレビとお巡りさん／102
21　「さんが」の消長／103
22　山林は食材の宝庫／104
23　参道の花木と敷石／105
24　木挽の大技／106
25　大正五年の知殿寮／107
26　農地改革という慈善／108
27　クマバチとクマンバチ／109
28　隠居寺、長栄寺との往来／110
29　クマガイ草と十二単衣／112
30　大へびとの出くわし／113
31　害獣、アライ熊出没／113
32　宮大工さんとの仏縁／114
33　元旦の霊瑞／115
34　夢のお告げ／117
35　賽銭ドロボウとサギ師／118
36　梅花講の活動／119
37　県下唯一の坐禅堂／121
38　三・一一日の寺／122
39　こんな若い時もあったじゃないの／124

40　コロナ感染撲滅の祈祷／125
41　最長喬木の衝立／126

四　龍泉院の宗教文化

1　南宋銭がザックリこん／130
2　沼南一の仏涅槃図／131
3　十二天の古軸よ／132
4　他国人が書いた二つの額／133
5　近世の龍泉院境内／134
6　何の情景ぞ　―洞山過水悟道図―／136
7　古物を伝える明治の什宝帳／137
8　高祖大師一代図／138
9　十六人の修行者―十六羅漢図―／139
10　月舟さまの修道心得書／140
11　謎の青面金剛掛軸／141
12　月静が描いた百観音大軸／142
13　大人も恐れた「十界図」／143
14　百観音の像容／144
15　何を思う如意輪観音図／145
16　坐禅の澤木興道色紙／146
17　誰が書いた―豊洲文庫―／148
18　阿弥陀如来像と胎内文書／150
19　山崎弁栄尊者画子安観音図／151
20　渡邊玄宗禅師七言二行書／152
21　葬斎で祀られた三幅対／153
22　隠山筆三国伝燈祖師図／154
23　珍しい穴風外の山水画／155
24　隠山が書いた侍道権現本尊／156
25　火炎がないのは龍のお陰／157
26　迫力満点の巨海達磨図／158
27　酒井抱一の絶品「騎牛帰家」／158
28　良寛さんの書軸／159
29　弁栄聖者の「釈尊成道図」／161
30　「新四国大師巡拝案内図」の価値／162
31　道元禅師御詠三首一幅／163

五　椎名宏雄の生きざま

1　実のれ実のれ稲の穂よ／166
2　爪上げとベイ独楽／167
3　若造の結願先達／168
4　ニコヨンの華鉄時代／169
5　都立高校生の合宿／170
6　誰のための肝試し／171
7　新米の教区長／172
8　真如寺と私／173
9　『東葛郡誌』の功罪／174
10　木曽御岳と私／175
11　タケノコと行商人／176
12　法華経の納経塔／177
13　とげ抜き地蔵さんとのご縁／178
14　喝！／179
15　ホタルのやどは川ばた楊／180
16　ケンカ友達／181
17　高輪泉岳寺さんとのご縁／183
18　シャックリを止めた童謡／184
19　只今ご臨終です／185

［附録］　當院常什寶簿／187

あとがき／197

一　沼南の宗教文化

1　中世初めの宗教文化記事

中世初期とは鎌倉・南北朝時代、後期は室町時代をいう。私は沼南の寺社等がこの時代に記録されるものを前から注視していたが、意外と少いので遺漏覚悟の上で紹介してみよう。記載は簡略とし、①②も便宜上のもの。

①応保1（一一六一）、箕輪如意寺創立（過去帳）。②建久1（一一九〇）、布瀬高野、釜より不動発掘し堂に安置。③貞応2（一二二三）、藤萱村に登慶山持法院創建。④建長5（一二五三）、泉村龍泉院創建（霊簿）。⑤弘長3（一二六三）、澄尊手賀に来て興福院創立。⑥正応1（一二八八）、日弁大井の堂を妙照寺とす（同由来）。⑦嘉元2（一三〇四）、興福院澄尊寂す。⑧徳治2（一三〇七）、塚崎神明社この頃建立（社牌）。⑨応長1（一三一一）、妙照寺日弁寂す（由来）。⑩応承2（一三九五）、興福院二世亮海寂す。⑪応永16（一四〇九）、惟一比丘尼の宝篋印塔立つ（同銘）。⑫応永32年（一四二五）、高柳善龍寺に大日真言板碑建つ（同銘）。⑬長禄2（一四五八）、春慶鷲野谷薬師雕造（同銘）。⑭寛正2（一四六一）、経誉医王寺建立。⑮応仁1（一四六七）、泉郷柳渡福満寺に平胤弘梵鐘寄進（同銘）。⑯文明12（一四八〇）、興福院三世秀伝示寂。⑰明応2（一四九三）、鷲野谷善龍寺を妙見前に建立（寺院明細帳）。⑱永正9（一五一二）、泉村氏子妙見社建立（鏡銘）。

平安時代末から鎌倉時代までは僅か十八点に過ぎず、近年に刊行された金石資料の中から板碑の年号などを拾えばこの何倍かになるであろうが、沼南のおおよその傾向は右の略記でも知ることが可能であろう。

最初ですから、あえて堅い記事にしました。だんだん面白い記事やお話しになりますよ。ご期待ください。

2　手賀中学校第三回生同窓会

私は手賀中の第三回生だが、事実上の第一回生だと思っている。なぜなら、戦後六三制が施行された昭和二十三年四月に、始めて新制度の中学一年に入学した時、上級になる二、三年生は皆尋常高等学校（小学校高等科か）の一、二年生の単なる持ち上がりで数も少なかったからである。三年生は唯一名だった。

だから我々三回生は約百三十名で、ABの二クラスしかなかったが、比較的仲が良く、何もなくても、何をするにもみな協力し合って、無事に三年を百二十名程度で卒業できたのだと思う。その中から県立東葛飾高等学校普通科には十二名も入学し、空前絶後だったようだ。

卒業後は七回の同窓会（同級生会）も開き、第七回目の満七〇歳を最後に解散となったが、第一回から七回まで万年幹事であった私は、肝心なことは皆覚えている。開催地と主な業務は左記のとおりであった。

一、於　手賀中学校（卒業二〇周年）
二、柏商工会議所（卒業二五周年）
三、手賀沼フィッシングセンター（卒業三〇周年）
四、柏　天神会館（卒業三五周年）
五、柏　平安閣（卒業四〇周年）
六、柏　玉姫殿（たまひめでん）（卒業四五周年）
七、柏　酒豪吉春（卒業五〇周年）

この間、初回から第五回までは恩師を招待して、各記念品を差し上げた。その他、幹事は各回とも出席の確認や会場との交渉、宴会の内容や盛り上げの工夫、記念写真の撮影と送付、二次会場の設定等々、大忙しであったが、よくも七回を全うしたと感慨一入である。出席者は漸次減少したが、皆喜んでくれたようである。ちなみに、東葛高校の同級生会は別にあったが、幹事は出身地区の持ち回りで、私は一度だけしか努めてはいない。大学のは規模が違う。中学生のが最も楽しかった。

3　草野球「手賀クラブ」の活躍

「手賀クラブ」とは、昔の手賀中学校時代（昭和二十三年〜二十五年）の軟式野球部が、卒業後にもOBとして存続し、これに同調する同好の人たちが加わった野球チームの名称です。草野球ながら、私は現役の時から高校のOB時代まで長らく所属していました。

そして、旧手賀村の各区で組織された野球チームや、印旛（いんば）郡方面のチームまで加わった「手賀沼野球連盟」、さては東葛飾郡東部地区の野球チーム、柏町（当時は町）の野球連盟、などの各大会などに出場し、かなりの実績をあげたのです。これらを紹介しましょう。

まず「手賀沼野球連盟」では春秋に大会がありましたが、手賀クラブは常勝チームで、常に優勝していました（監督は柳戸（やなど）の小暮（こぐれ）医師と元明大野球部の山田寛（ひろし）先生、共に故人）。また柏の連盟には軟硬の強豪が多数でしたが、ある年の大会では東葛高校のグランドで行われた際、硬式チームのコンドルと対戦し、12対9で惜敗したものの、「手賀クラブ」の名を一躍高めました。更に千葉県下の実業団試合では、県営球場まで赴いて市原郡の代表に勝利しました。

私はこのような大会に全部出場し、コンドル相手にはホームラン、市原代表には打点を上げる等の貢献をするなど、今なお忘れ難い思い出として残っています。ただ残念ながら、当時の優勝旗やバックルはすでに失われてしまい未練をのこしてしまった。写真もカメラが普及していない頃なので、ほとんどありません。

4　郷土史研究会

沼南町の郷土史研究は、昭和の末期に全国的に歴史研究が異常なほど盛り上がってきた頃、そうした風潮を受けて、誰ということなく歴史の好きな人が集ってきたのが始まりであろう。年代は昭和四十年ごろとみて、大差はないと思う。むろん、それ以前にも社寺等を研究する人はいたが、ほぼ個人の趣味を超えるものではなかったが、複数の者が定期的に集まるようになったのはその頃であり、いわば農山村でも、農作業のほかにも趣味を活かす余裕が生じたのであろう。

最初期は民間人だけの集まりであった。人物を挙げれば、坂巻孫右・島村精一（高柳）、宇賀俊嶺（藤ヶ谷）、鶴田豊子（高柳）、石原治（大井）、成川四郎（塚崎）、落合勝司・落合伝一（泉）、私、また岡田尭栄（ぎょうえい）教育長も熱心であった。やがて会長・会計・会則などを作り会らしくなった。

その後島村鴻一郎町長の時に『沼南の歴史』一冊を作ったが、町長からこれではダメと没にされ、書記の高野博夫氏が口惜しがっていた。その元原稿は村田新一氏（片山）などが作ったものだった。

だが、その後は立派な町の歴史研究部門が教育委員会の中に設けられ、平成十七年に柏市と合併するまでの間に、史料目録や町史の類を十数冊も発刊することになる。

これに対して民間で趣味中心の会は先細りとなったものの、平成期までは存続した。私は専ら教育委員会側に取囲（こ）まれ、歴史編纂研究会、金石（きんせき）調査委員会、文化財保護委員会などに所属し、それぞれの業務を積極的に遂行することになった。でもお陰で沼南の歴史文化の文物を少なからず実見・実査・実測できたのは有難かった。幾編もの短文記事・論文などや、最近の『沼南の宗教文化誌』『沼南の宗教文化論集』などを出せたのも、かかる長年に亘る調査等の成果であり感謝感激に堪えない。

思えばこの時期は、私にとり大学の教鞭に加えて学会活動、宗門の調査研究、自坊の檀務や建築、教区寺院の業務など、文字通り東奔西走であったが、不思議にも何とかこなせたのは、恩師鎌田茂雄先生の「人間は多忙の時こそ良い仕事ができるのだ」と喝破された通りと思わざるを得ない。私はすばらしい師に恵まれたのである。


観念や知性では、どんなに本を読んでも生きる支えにはならず、確乎とした実物がなければならない。それが澤木興道にとっては坐禅であったのである。観念や知性は、こね回したりごまかすことができるが、真実人体の坐禅には、一切のごまかしがきかないのである。老師の坐禅は永平道元の坐禅であった。

（酒井得元『澤木興道聞き書き』の鎌田茂雄「解説」二〇〇二年十二月）

5　道堀家の古文書

私は前著『沼南の宗教文化論集』の中で、沼南地域で活躍してきた里山伏、またはそれに準じた人の生きざまにスポットを当てて紹介しました。それが「沼南の修験道者たち」の拙論でした。

私たちは、レッキとした宗派神官や僧職には当てはまらない宗教的職能者とされる人たちが世間には決して少なくなく、みなそれぞれの領域で確固たる技量を発揮しているのを知っていたからです。で、これを若干調べてみました。

その結果、やはり沼南にはそうした人たちと、また寺院的な堂宇があり、隠然たる力を発揮して活躍している実態がほぼ判明しました。

特に箕輪地区の道堀家古文書は、目をみはるばかりの質量があり、これに負うところが大であった。

これらの文書類は、それまでに沼南町でも未調査であり、知られていなかったものを、私が個人的に知って調査したものです。その経緯のあらましを記しておこう。

道堀家におそろしく古い筆写物件があることは、私がまだ三十歳のころ、参禅に来ていた志村氏（？）から聞いていたが、当時は私もまだ若く、地元の古文書への関心も皆無に近く、徒に聞き流していました。それが、六十代後半になり、町史・文化財・金石調査などに関ってきて、昔の道堀家の話を思い出し、まず石仏を見に行き、数基を確かめました。気付いてみると、道堀家は近在の村々の歴史に頻出する重要な家庭なのに、古文書も金石も調査未遂だったのです。

そこで、単刀直入に調査・閲覧を申し込んだ処、望外にも許可を戴き、閲覧・撮影はおろか、借用してのコピーもお許し下さったのです。当主の承諾は勿論、当時は九十歳を超えた老女が、積極的に調査を許可して下さったのです。

当家文書の特長は、かなり紹介をしましたが、実際に里山伏が用いた護符（ごふ）・教本・金剛杖・法螺貝（ほらがい）・衣装などが、皆揃って保存され、完備していたことである。これらを見聞きして、里山伏の実際生活を書くことが出来たと、心から感謝している。

ただしあの論文全体としては、同様な行者であった小林康男家（若白毛新田（わかしらがしんでん））・原義男家（泉）の実態にまでふれられなかったのが残念で心残りとなっている。

また後に、印西市の元修験者の家であった某氏が来山して、私の論文を評価したのみにならず、同様な調査書の刊行を企画しているといわれたが、その経緯はどうなったか、これも心残りである。

> 諸仏諸祖の行持によりて、われらが行持見成し、われらが大道通達するなり。われらが行持によりて、諸仏の行持成し、諸仏の大道通

達するなり。われらが行持によりて、この道環の功徳あり。（道元禅師『正法眼蔵』行持上）

6　葬馬捨場と児童公園

沼南では旧村時代の大村には「葬馬捨場」という場所があるようです。これは何かというと、要するに死んだ馬を葬る場所であり、高柳・藤ケ谷・布瀬・泉あたりには、みな存在していたようです。そこでは、どういうことをしていたのでしょうか。私は直ぐ近くにあった泉の場所をモデルにして紹介したい。

泉の場所には、龍泉院の南側に裏山を貫通する道路があり、これを約百五十米ばかり行った右側（北側）に約五〇坪ほどの低い地所が「葬馬捨場」と呼ばれ、昔からここに死んだ牛馬を葬っていました。以前、ここから馬頭観音の石像が出土したことがありました。

由来などの記録も無く、古老も知る人はいません。平成ごろからは児童の遊び場として市で管理（主として草刈り）をしていますが、草原の中にブランコ・すべり台・鉄棒があるだけの公園では、道路も悪く車輛も入れない公園なのであまり利用している人を見かけません。勿体ない土地ですね。

ところで一方、同じ道路の寺から二十米ほどの地点には、南側に馬頭観音の石像が二十基ほども並んで立っています。牛馬は埋められないので、ちょうど人間に埋め墓と参り墓があるのと似ています。なぜこうなっているのか不思議ですが、昔からそうなっているのです。ここには犬猫のみならず、ペットの遺骸も埋めていましたが、衛生上よろしくないので、宏雄代の平成末期からは使用禁止にしました。

牛馬以外にも犬猫などを埋葬していたようです。以ちょうどそのころから、ペットの火葬等を民間の業者が行うようになってきた風潮と呼応したというわけです。

　しかし、近い将来は、ここもきちんと整理しなければなりませんが、悪いことに、昭和期まではここに大穴を掘ってビン欠けやガラス欠けなどを埋込んでいましたから、その整理は大仕事です。

7　貯水池

　沼南はおおむね台地から成っているから、水害よりも火災や雷害の方が多いだろう。泉の場合も然り。大昔から旧家の場合は一度や二度の火災に遭ったというのが通常らしい。その点、わが龍泉院は様々な集会に使用されていながら、火災は昭和二十九年に飛び地の不動堂だけというのは、正に奇跡的といってよい。大演の「火伏せの龍」があるおかげか。

　泉では昔からホラ別に四つの貯水池があった。石原家（西）・勘兵衛家（中）・油屋（東）・台新宅（南）。皆火災の時は大いに活躍したに相違ない。所がこれらが一斉に消えてサイレン鳴唱となったのは、平成初めごろだったか。所が同じ頃、寺の山門近くには逆に貯水池が掘られた。伽藍が多く近くに防火施設が無かったからか。

　とまれ、貯水池はかなりの面積を必要とする。そこで昨今は上部に蓋をし、何かに利用する例が多い。寺の場合も上部はコンリート蓋↓土↓花木としている。従来、防火のために使用したのは、裏山がボヤになった平成の中頃（山桐光裕分団長の時）一度だけだったのは法倖というべきであろう。ちなみにこの時、住職宏雄は町の中央公民館で講演の最中であり驚いて帰山した所、すでに消火していたのは有難いことであった。松の中木をかなり焼失したが。まあそんな程度ですんだことを喜んでいます。

私たち禅宗では、食事の前には必ず両手を合わせて「五観の偈文」をお唱えして食事をいただいています。この偈文というのは、

一、この食事は、どれだけの人の手にかかっているか
二、自分はそれをいただく徳を具えているか。
三、さまざまな罪をなくすように努めよう。
四、この食事はすばらしいお薬のようなもの。
五、仏教の教えを身につける為に食事をいただこう。

8　鰻の蒲焼きはいずこ

手賀沼の鰻は美味かった。それだけ豊富に取れたから、沿岸の住民には容易に手に入ったのだった。ただし昭和期まで。つまり沼水が汚染して魚貝類が食用にならなくなるまでは、鯉と共に鰻は手賀沼の王者だった。漁法は、釣り、オッカブセ、ブッツァシとさまざまだが、鰻はヌルヌルして逃げ足が早いので、オッカブセ（竹製の篭）が多かったようだ。我孫子側には、鰻の蒲焼きを主業とする専門店が昔からあった。子の神権現の境内にはそんな茶店があり、参詣者に提供していた。

私が院生になったころ（二十七歳時）、当時中秋丸に乗って来山した悪友達を帰途子の神に案内して蒲焼きを振舞った処、皆こんなうまい鰻は初めてだと言って舌鼓を打っていた。その他、白山地区に行く通りには「宇田川」の店（先祖は泉の古川源左衛門の出身）があり、平成頃まで看板を掛けていた。

手賀沼の干拓が進み、沼はほぼ消滅したが、柏・印西線の県道南側だけは、小面積ながら残り、これを「南部手賀沼」と呼んでいた。注目すべきは、ここにまだ天然の鰻が生息していたのだ。ここに掛る布瀬側の袖に「南部亭」という料理屋（地元の斉藤五郎兵衛家出身）があり、二十年ほど前までは、注文により鰻が食べられるといわれていた。が、今はその店も閉じたようで、文字通り淋しくなってし

まった。ヌルヌルと逃げたのかな。

私は魚取りは昔から好きでなかったので、自分で魚を釣り上げたことはほとんどない。五十代の初めに大学の同級生会が名古屋で初めて開かれたが、その時、長良川の鵜飼いをやるというので欠席した。鵜を使ってまでアユを捕る方法が、出家としておぞましかったからである。三十代から朝昼は魚肉は一切口にしない事と関連するかも知れない。

しかし、昔は沼の貝類をよく食べた。特に烏貝は食糧難の時は豊身なので助かった。戦時中は蝗や赤蛙は当然食べざるを得なかった。

こうしてみると、食物の趣向は時代や環境によって変るものであり、絶対の信条などは初めから持つべきではないのかも知れない。

9　埋め墓と参り墓

死者を葬るのに、埋め墓と参り墓の区別が関東であるのは珍しい例、と報じられたのは柳田国男であったか。たしかに千葉県ではそういう慣習のところが、そちこちで見かける。例えば鎌ケ谷市にあるそうだし、我孫子市や柏市・白井市にもある。

それは、死者の性別により葬る宗派を異にする場合もあり、宗派は同じながら場所のみ異にする場合がある。前者は我孫子市柴崎東源寺の場合で、男子は同寺、女子は日蓮宗の寺であり、後者の例では、沼南の若白毛は曹洞宗の同一宗ながら、長栄寺墓地

最古の馬頭観音像（1984 年 3 月）

中に埋め墓と参り墓が歴然と田んぼを隔てて分けられている。参り墓側には昔から多くの塔婆が立てられ、古くは何百年も昔のもの。埋め墓の方には何も立てられていない。お盆やお彼岸には、檀家は両方にお参りしている。

隣の泉区は、長栄寺の本寺である龍泉院であるが、そのような区分は皆無である。だから、この慣習は宗派とは関係がなさそうである。

前掲の東源寺の例では、夫婦でも別々の寺や墓に埋葬されるわけであるが、近年は檀家の協議でこれを改めた家もあるという。たしかに、こうした習慣はかなり昔からの、しかもそれなりの理由があってのものであろうが、ご夫婦でもあの世では別々になるのは好ましいとは思えないから、菩提寺や檀家はよく協議検討をして、良い結果を模索すべきである。

斎行の者　貴うべくんば
昔より多しと雖も　悟道の者は　少し

これすなわち
調心は　甚だ難きが故なり
聡明を　先とせず
学解を　先とせず
念想観を　先とせず
何未　都てこれを用いずして
身心を　調えて
以て　仏道に入るべきなり

（道元禅師『学道用心集』第二）

10 井戸さらい

井戸さらいとは、要するに井戸水の掃除をすること。今日でこそ飲料水は、消毒されたキレイな水が水道管を通して送られてくるから、井戸水の掃除など考えもしなくなった。

でも私が小中学生の頃は勿論、第二次大戦後の昭和期には、まだ「井戸さらい」は各地で行われていた。何せ井戸のある家は数軒に一戸だけ。飲料水はほとんど井戸ある家からの「もらい水」で、これは子供の仕事。

子供はいつも天秤に大きな手桶を二つ吊り下げ、自宅の流し場やふろ場まで往復したもの。これは重労働ながら、皆同じなので不平や文句を言う者はいなかった。

だが、低地の井戸は汚染し、低地ならずも長年の間に汚れるのは理の当然。そこで何年か一度は掃除をする。これが「井戸さらい」。これは勿論大人の仕事で、専門職に依頼。その「井戸屋さん」は、低井戸は簡単だが、土管が多く入っている深井戸は一日仕事。

井戸屋は裸体に近くなり、手足に何もつけず、手足を突張らせて井戸に入り、底部に着くやバケツやツルベで水を掻い出し、オケに入れる。オケには井戸綱がつけられ、これを上の者がたぐって受取り辺りに捨てる。こんな動作を繰り返して底部の水を掻い出すのだ。

井戸の底部は外気より暖いそうだが、こんな命がけの仕事の出来る人は多くはいない。寺の場合は、檀家の石井信次氏が何度もやってくれた。時には汚水と一緒にフナや金魚の大きなのを掻い出した。何十年も棲息して水を浄化してくれていたのだ。よく長らく生きられたもの。

だから「井戸さらい」の賃金は高価だった。現代では想像もできない故事になった。思えば昔の人たちはエラかったですね。命がけの作業を常にやっていたのですから。

11　はだし参りとガラガラ

沼南では昔から、お盆中の八月十四日の朝早くお寺参りをする風習があった。ハダシでお参りをし、お墓や石塔の立っている場所に「ガラガラ」といわれる、竹と真菰で網の目に作ったお盆民具を立て、その上に采の目（お米とナス・キュウリを采の目に切ったもの）をお供えする風習がある。これは沼南だけではなく、近隣でも広く行われてきたようである。

では、なぜハダシでお参りするのでしょうか。日本人は江戸時代までは夏はハダシが普通で、下駄や雪駄はハレの時だけに履く履物でした。それに加えて、沼南辺の説では、朝まず田んぼに行き、その年の稲の作柄を見極めて、それをお墓に行ってご先祖に報告するから、自然とハダシ参りになるのだ、といわれています。どうもこの説の方が素朴ですから、意外に古い伝承を伝えているかも知れませんね。

ところで、ガラガラは普通の四角形ですが、中には八角形や多角形のものを例年作る家があり、特別に墓ではなく本堂の前になど立てていました（泉では石井八郎兵衛家）。このガラガラ立ても、昭和期まででほとんど姿を消しましたが、これは竹や真菰がなくなったからではなく、仏事や神事でなんだか意味が分からないものは止めようという風潮が強くなったからだとすれば、とても淋しくなりますね。宗教民俗の分野では、現代人の感覚や知識では何だか意味が分からないというものほど、実は意味深長で伝統深遠なものが少なくないからです。

茹千一の母に与う

天真　貞潔であり
心の発明も　たかい
満面の　霊光は
自ずから　照り臨かして
だが　しかし
こう　謂うこと　なかれ

功(くどく)が成(な)って
方(はじめ)て　道(ぶつどう)を得(え)られると
途(みちすじ)に　触(ふ)れながらの
直(その)まが　すでに
凜(おご)そかで　あるのに

（道元禅師『永平広録』巻十）

12　わらじの抜ぎ場と近所

沼南には「わらじの抜ぎ場」という慣用語がある。一般人は通用しないだろう。第一、「わらじ」など見た事も無い人が増えているご時勢だから、むりもない。この言葉は、むかし遠くへ行き、そこに住み着く為に、はじめて足をとどめる家を指していう古語である。

沼南全体はともかく、泉区（旧泉村）の場合は、遠方から来て錫(しゃく)を留めて住み着く者が多かったという。別に住み易い条件が整っている訳ではないのに。だがそうなると種々の名字を名乗る家が自然に増える。

古い一名(いちみょう)（一軒だけの姓）を拾い上げると、亀島・石原・鈴木（イカケ屋）・三和山(みわやま)・加納川(かのがわ)・細川・金谷(かなや)・谷沢・深山・山本・大久保・高橋・栗原・杉野・青柳(あおやぎ)・高梨・原・小森・高間・生繁(おいしげ)・加藤・椎名・池田・三門(みかど)・小川・山田・森などなどで、今後はもっと増えてゆくだろう。

実は大戦後は遥かに多かったが、元の住所に戻る人もあって少なくなった。いずれにしても、最初に錫を留めた家「わらじの抜ぎ場」の言葉はまだ死語にはなっていない。

さて龍泉院の場合はどうか。挙げると名字は変っていないが、染谷・山桐・江口の三軒がある。染谷平兵衛(へいべえ)家（現仁(ひとし)家）は二十九世大由の、山桐治右衛門(じうえもん)家（現裕久(ひろひさ)家）はその妻つねの、各わらじの抜ぎ場であり、逆に江口家（現桂子家）は三代前の仁三郎氏の抜ぎ場であった。この三軒と寺は親戚に準じた交際を続けている。

また昔から隣家（近所）のつき合いという慣習があり、一般家庭では広範囲に冠婚葬祭すべてに亘っていました。寺の場合は四軒であり、紺屋・田端（いずれも中のホラ）、建具屋・五兵衛（いずれも南）です。この四軒は昔から冬に寺の山掃除を行い、くずっ木を自家と寺に満載させていましたが、山掃除が区全体の奉仕作業となってからは自然消滅となりました。

13　蓮田はワシが始めたんじゃ

手賀沼の北西部、大井と岩井の間辺りは、夏場に蓮の花が咲き乱れます。沼南におけるお花の鑑賞地としては、代表的な地域といってよいだろう。だから、最盛期には鑑賞用の車がかなり訪れる。たしかに、白やピンクの大形の花が沢山咲いた姿は、昔から仏

これもワシが撮影したんじゃ（石井氏撮影）
（1986年1月5日）

教では経典でも極楽世界に例えられるほどである。あたかもこの蓮田の近くには、公的な道の駅「しょうなん」があり、また「満天の湯」という温泉施設も存在し、手賀沼大橋を挟んで我孫子方面も遠望できる寸土の景勝地でもある。だが、自然の景観では蓮田に勝るものはない。これは一体いつごろ、誰が創始したのであろうか。

私はその開創者から直接に聞いたので、自信を持って言えるのであるが、これは岩井地区でも稀有のジャーナリストとして活躍された石井紋四郎氏その人である。石井氏は岩井地区の古い豪農に生まれ、若い頃から沼南の文化的方面に身を投じ、遂に「湖畔ニュース」という名の新聞を発刊。その名や実物を見聞したり所持している方は、まだ少なくないでしょう。沼南辺りの農村部で新聞などを刊行するには、取材や編集にどれほどの労苦を要するか、想像の域を超えている。

しかし石井氏は、政界・財界・産業界・商工会・宗教会など、各界に渡りをつけ首を出し、殆ど単独でコツコツと地元で取材を続けて論述を書き、写真を撮り発行を続けたのである。その発刊号数は何百号にも達した。それらは沼南地域の各界・歴史・社会・文化面に、どれだけ多くの寄与を成したか、将来の歴史が証明するであろう。

私は主として宗教方面に関して氏と交流があり、中国の宗教事情など若干の拙論を掲載させて頂いた。ロータリーやライオンズなどにも何度か入会を勧められたが、日程などの都合でついにご要望には応じられなかった。

14　弔事の餅

正月の餅に代表されるように、日本ではお餅は目出たい時に食する代表的なものという印象を持っている。だが必ずしもそうではない。秋田辺りでは死亡者の弔事にお餅を沢山食べるところがあるといい、他にもあるに違いない。

沼南でも、葬儀の時に作る九餅や四十九餅は、祝いどころか大切な死者供養の弔事なのである。

まず九餅とは、葬儀の翌日、葬家では菩提寺に礼参する。この時持参する物は、①死者の着込み、②米（叺に入れて本堂前に二升位）、③九餅（餅米二升ほどで作り本堂に上げる）、④蓑と笠。以上の用意は大変で葬儀の前日迄。そこで段々と①を皮切りに金銭に変り、「〇〇料」と書いて上げるようになったのは自然のなりゆき。昔は①の着込みを専門に買う業者がいて、寺の良い収入になったという。

また、雨の日は④が役に立ち、私もこれを着て農作業などをしたものだ。問題は③で、四十九日に小さな餅を四十九箇作り小俵に入れて桟俵を付けて上げるのだが、量的に直ぐ消費できないから、冬はかき餅にできるが、夏はカビを生やし鶏の餌にしたこともある。

以上の弔事用に作られた諸品は、昭和期でほぼ終り消滅したのは淋しいが、これも時代の流れであろう。代わりに登場したのが果物篭であるが、これは親戚・縁者が上げたもののお下がりであるから、本来の意味とは大いに異なる。

仏性が　耳に応らく時は
人気のない　谷のこだまのように
大声には　大声で応らき
小声には　小声で応らき
声に応じて　現れてくれる
また　目に応らく時は
何処にでも　現れてくれる
だから　この眼前に
対象の　ほかに
仏性を　求めようとすれば
それは　仏性の　ありさまを
誤って　受け取ってしまうのだ

道元禅師『永平広録』巻四

15　田植えの移り変わり

瑞穂（みずほ）の国、日本の米は主食の象徴であり、その収穫は国運を左右する。故に、その植え付けは全国各地で行われ、時期、方法等に特徴があるのは当然。沼南の場合、特に変った方法があるわけではない。ただ、元手賀沼であった地の多い、手賀（てが）、布瀬（ふぜ）方面は、時期が早い。量産地であるから、少しずつ分散させるのか。

それに対して、泉地区のは少し遅い。昔は種籾（たねもみ）まきが四月、代（しろ）ぶち（苗を植える田の表面を平らにする）や畔（くろ）（歩き道）づけを行って、いよいよ田植えとなる。時期は五月。

服装は田もも引きに地下足袋（じかたび）だが、女性は大ていカスリの上衣とモンペで赤いタスキをかける。私が中学生の頃、学校で田植えをした時、こんな服装に三角定規（じょうぎ）だった。

植える方法は、大昔は網を張り、約三寸ごとに印をつけた個所に植えて、タテヨコを揃えたというが、いつ頃から木製の三角定規が発明され、これを自分のほうに向けて廻し転がしながら、印のところに植えて揃える方法に変った。この変化は古くなく、明治頃からという。三角定規は、今もって所有している家もある。

さて、次が機械植えであり、これは従来の田植えを劇的に変えた。早さと能率と美しさと、全てにおいて田植えの革命であった。それは稲刈りの場合に似て、共に外国からの影響だったのであろう。

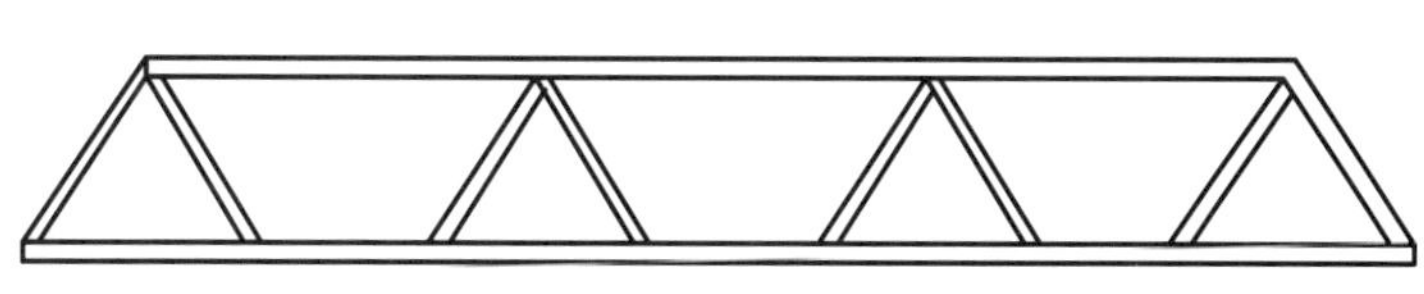

16　子の神権現さま

我孫子で手賀沼のそばにある「子の神さま」は古くから知られていますから、ご存知の方も多いでしょう。どんな歴史があるのでしょうか。

ところが我孫子市で行った社寺の悉皆調査でも、はっきりしたことはわからず、ただ大昔から信仰を集めている権現さまと言うぐらいで、さっぱりラチがあきません。権現とは、「権に現れてくる」ですから、「よくわからないものが、何かの形で仮に現れる」ものを指しています。どうもよくわかりませんね。

ところが、「子の神」や「子の権現」は全国には結構あるのです。さぁ、考えてみましょう。まず「子」は十二支のトップに置かれるネズミです。中国では、星で方位を定める伝統が古くからあって、ネズミは北、つまり北極星であります。

そういえば、我孫子の子の権現は手賀沼の北側にあり、泉区にも古くから祀られている子の神様二基（共に落合家の所有）も、村内からは確かに北端に位置し、手賀沼に面しています。沼南近在の子の神様を悉皆調査すれば、（かつて、落合勝司氏がかなり調査された）、その位置関係が村の北側にあることが立証できるかもしれません。してみると、子の神は北斗七星の神格化されたもので、いわゆる千葉氏・相馬氏の守り神である可能性がある、という仮説が成り立ちそうです。県内、いや下総地域に多くの「子の権現」があるのは、こんな理由からではないでしょうか。識者のご批判を待ちたいと思います。

北斗七星の神格化には、他に妙見様があり、また庚申様も同様であり、これらを全部奉祀している泉区（昔の泉村）は皆関係してくるのではないか、と私は思考しているが、いかがであろうか。

17　炭焼きは材質で決まる

昭和期まで木炭（もくたん）は火鉢やコタツの熱源であり、コンロ等での炊事の火気でもあったから、貴重な燃料源であった。だから、冬期にこれを作っておくのは、農山村の重要な任務だった。勿論、売品も買えたが、決して安いものではなかった。消炭（けしずみ）でなく堅炭です。

　炭作り、つまり炭焼きは原材で決まる。最上はカシ、これに次いでクヌギ・ナラなどであり、松は焼根油などでは、よく燃え、火力は強くなるが、長持ちしないために、炭材としては最低であった。

　炭焼きは、村中で常時行い、これを商売にしている家があった。そこへ原木（げんぼく）を持参すれば、確実に炭が得られるわけである。寺では、秋から冬に原木を切り、炭屋に頼み炭を何俵も作成した。カシの木はどんぐりがたくさんなり、自然に地に落ち自然に育つ。だから、寺山はいたるところにカシの大木ができる。これを斬るのである。

　炭は汚水や泥水に入れると、それらを浄化する能力があるといわれる。決していたずらに濫（らん）用すべきものではない。寺では万一の場合に備えて、堅炭一、二俵はいつでも保管している。むろんコンロも。これらが役に立つ時など、万が一にもないようにと願いながら。炭は決してスミにも置けないものなどではない。

18　六道の座は高し

　諸役の中でも六道の役は大変である。葬儀の際の「穴掘り」だけではない。死者の柩（ひつぎ）を担いで施主家からお寺まで運び、お寺から墓地に運び埋骨するまで、全て責任を取らねばならない。こう言うと単純なようだが、これだけでも実は大変なのだ。

　まず、施主と共に、埋骨の場所を定めねばならない。はっきりした境界のない墓所では、後で喧嘩の基にならないように、慎重に場を定める。田んぼの近くの低地などでは、水の侵入を防がねばならない。沼南の近辺では低地の白井市名内の東光院墓地などでは、埋骨した柩が水で浮き上がらぬよう、中に石を入れたことも珍しくなかったとか。

だいたい、六道とは、仏教でいう眼・耳・鼻・舌・身・意の感覚器官か、または地獄・餓鬼・畜生・修羅・人間・天上のいずれかであろうが、沼南では六名ではなく四名が普通。彼等がこれを努めるときは、菩提寺から六道箱を借り出して、中の白装束に着替える。

そして、穴掘り、棺担ぎ、墓まで持参・穴埋めをつとめる。当番制で、各村の家継ぎ順序に従う。埋骨から帰るまでの間に、施主家では新湯を沸かしておき、これに入って汚れを清める。

次に吉兆払いの宴席に座るが、六道さん達は住職の次席、つまり一般客の最上席に座り、施主から各自お布施を頂戴する。そして六道が座を立つまでは、誰も先に座を立つことはできない。六道の中に飲んべえがいると、宴は延々と続く。人迷惑も甚だしいことになるが、正面から文句を言う人はいない。まあ、それほど六道は崇められていたと言うこと。

葬斎の専門業者ができた平成ごろからは、こういった慣習は自然に消滅して、今日に至る。

龍泉院には、まだ昔の「六道箱」が現存している。地区によっては六道が柩を乗せて引いていった「簡易霊柩車」が最近まで残されていた所もある。みな歴史の遺産である。

19 越中富山の薬売り

昭和三十年代の頃までは、秋ごろになると必ず「越中富山の薬売り」と称して、四角い箱を背負った薬屋さんが、農村の各戸を歩いていた。これは、前年に一定量の薬品を置いて行き、翌年には減っている分だけの料金を受け取ってゆくという商法で、考えてみれば、相手が転居でもしない限りは堅実な商法だ。だから、農山村などでは、昔から歓迎されたんだろう。沼南辺りでは、大むねどこの家にも、この薬屋さんが来訪していた。

薬の種類といえば、所謂常備薬類が多かった。カゼ薬、胃腸薬、傷薬、小児用の薬、熊の胆（い）、あか切れの膏薬（こうやく）など、労務者必備の薬類もあった。全体的には漢方薬であったから、元は中国辺りの商法だったのだろうか。

一体、薬という文字は、中国湖南省南部にある芍薬山（しゃくやくざん）が原名であって、ここに禅道場を開いた維厳（いげん）禅師は、曹洞宗の名師である。ある時、その山上で呵々（かか）大笑したら、その大声が百里四方まで伝わったという有名な伝説がある。

私は一九七三年夏、図らずも駒澤大学仏教学部からの第五次訪中参観団の団長を努めて訪問した時、芍薬山を復興するから是非資金をと依頼を受け、金数万円を送金した所、後に現地を訪れた団員さん方から私の名前が大きく石に彫られていると聞き、大笑いではなく大苦笑したことがある。

20　何の虫をどこに送る

念仏講中が盛んだったころ、沼南の各地で行われていた年中行事の一つに「虫送り」がある。時期は、大むね田んぼの稲も伸び、雑草がはびこる頃、「田の草取り」が盛んとなる。

その六月ごろ、各地区の念仏講中が行っていたのが「虫送り」の行事である。といっても全員ではなく、法願（ほうがん）たちが主役で、小鉦（こがね）などを鳴らしながら各田んぼを巡回し、むつかしい呪経（おまじない）を書いた御札を田んぼに撒（ま）いて歩く。終れば寺などに集って、念仏を唱え飲食をする。

ただこれだけの行事だから、住職はお札だけを用意すれば事足りる。昔は板木から刷って作ったが、近年は謄写印刷し、毎年それを増刷・捺印して百枚程を渡したに過ぎない。

問題は印刷文字。内容は密教系の難解な経文であり、要するに害虫たちが農民の勤労して育てた五穀を損害すべからざる文言である。が、「送る」の意味は難解である。人間の場合ならば、葬送や野辺の送りならば、「浄土へ往生してもらう」で問題はないが、相手が害虫であるから相応しくない。むしろ「送り込む」のように内から外に送り出すという解釈ならば素朴で温かみが感じられるから、昔から農民のやわらかな心情から察して、この意味に受け取っておきたい。つまり、虫送りとは虫たちを田んぼからほかの土地へと送り出す儀礼なのであろう。

この生死は　すなはち　仏の御いのちなり
これを　いとひ　すてんとすれば
すなはち　仏の御いのちを　うしなはんと
するなり
これに　とどまりて　生死に着すれば
これも　仏の御いのちを　うしなふなり
仏のありさまを　とどむるなり
（道元禅師『正法眼蔵』生死）

21 避病所

ハンセン病のように、今日では「避病」のような呼称をすべきではありませんが、昔は大っぴらに呼ばれていました。沼南でも、こうしたある特定の病いの人だけをまとめて一箇所に集めて住まわせ、一般人と隔離するのが当然のように行われていた。

手賀地区の場合、それは柳戸におかれてあった。現在のＪＡ沼南の前を走る県道と、ちょうど反対側に当る北側の畑の中で、昔は荒れ地で草木だけが茂っていた不耕地でした。

私が目にした中学生のころは、既に建物は壊れた廃屋で、人が住める状態ではなかったから、既に建物は昭和十年代に壊されたのでしょう。近くの人たちは「避病所」と云って近づきませんでした。特に肺結核の人が隔離されていたとも聞きませんが、そのような場所があったことだけは事実です。今思えば、とんでもない差別を行っていたわけですね。

22　沼南のうまい食べ物

お金だけ出せば、世界中の珍品貴菓が手に入り口に入る現在、悠久の昔から我々の祖先が素朴に味わってきたものはなんだろう。私は沼南町の通史を執筆する際、民俗方面の担当を依頼され、不肖ながら考えを凝らし、あえて三つを選んでみた。それは、㈠テッカ飯、㈡ケンチン汁、㈢バラッ葉まんじゅう、の三つ。みな素朴で野性味に富み、とても懐かしい味わいがします。いうまでもなく、ご飯とお汁、それにお菓子という取り合わせです。異論のある方は、ぜひお教え下さい。テッカ飯は普段と異なる日、つまり土地で「もの日」といわれる祝祭日や、全国的に認知されている記念日で二十四節期に含まれている八十八夜や七夕に作られるご飯で、うすじょうゆで炊いたご飯。中に季節のキノコやクリを入れ、握ってオニギリにしたものは垂涎の的。沼南でも、鴨猟の盛んな村ではカモを中に入れたテッカ飯は最高とされました。

飯につきものの汁。ケンチンとは巻繊と言う難しい字ですが、農作物（ニンジン・ゴボウ・サトイモ・ネギ・トウフ）が常連。これらを油でいため、肉やミョウガを加えることもあり、大鍋に入れて燃し火で作ったケンチン汁は最高でした。

バラッ葉まんじゅうとは、バラの葉に似たサルトリイバラの葉を用い、普通の小麦粉と小豆の餡を中に入れ、セイロで蒸したまんじゅう。食べるのは中だけですが、「サルトリ」の香りが何とも言えない素朴なおいしさをかもし出しています。

沼南にはもっと別にうまい物があった、という方は、是非ご教示をお願いします。

23　大町桂月と鷲野谷の染谷家

大町桂月は明治の文豪として知られている。その多くの著作は厚冊の『桂月全集』として遺されている。なお「桂月」の名は、大町氏が愛好した高知市の美浜「桂浜」から自ら取って名付けたと言われる。その愛娘が愛さんであった。

一方、鷲野谷の染谷治右衛門家は沼南きっての富豪で豪壮たる屋敷を構えた旧家として著名であり、代々名士を排出し、地域で名をなしている。この富豪の家に桂月の息女愛さんが嫁してからは、文豪と名家の取り合わせということから、一躍注目をあびる事となったのは当然である。

愛さんの夫である好夫氏は、沼南町の教育長を努めたほかには、大きな役職にこそつかなかったが、温厚な人物であり、若くして絵画を能くし、かつては実家を画いた「わが家」の作品は帝展に入選したほどであった。愛さんは幾つかの役職に任じ、ご夫婦そろって、農村に文化的教養や刺戟を与えてこられた。

ところが、愛さんは老齢になるまで父桂月の名の由来である。桂浜が未知であったのを、いつしか高知県側が耳にし、平成の初めごろ高知市が染谷家一族を高知に招待し桂浜などを堪能してもらったという麗しい佳話がマスコミでも大きく報道されたことがありました。

ひるがえって、桂月は晩年青森県の山中にある蔦温泉を愛して、ここに住して終焉を迎えた。私はかつて奥入瀬渓谷を通り蔦温泉に泊まり、桂月の墓塔をお参りしたことがあるが、誠に慎ましくひっそりとした佇まいで、感銘を覚えた。私は桂月の名筆を一幅所蔵している。

私は愛さんの子息・勝彦氏と一級違いのため親交は特に深く、互いに往来し、古物の調査などを重ねたが、平成三十年に他界されてしまったのは痛恨の極みである。現在、染谷家の梗概を後世に伝うるべく、国費で建物や庭園を整備しているのは喜ばしい限りである。

事実
生きていたほうが
よかったか　どうかは
一生を通じて
みなければ
わかるものではない
わしは　いつも
自分の　生命というものを
むかしも　今も　変わらず
かくのごとく
透明に　見渡してきている

酒井得元『澤木興道聞き書き』一一二頁

24　仏教会の興亡

仏教会と言うのは、仏教の各宗各派が合同して、仏教共通の布教や催しを行う団体のことです。全国にはこうした団体が沢山あり、中には自治体ごとに組織されている所も多い。

沼南町の場合も比較的早く、昭和三十七年頃には発足していた。先達として活躍していたのは、羽子田範心（塚崎、真言宗豊山派）、根来栄隆（片山、同）の両師であり、やがて宗派も人数も増えた。

本会で最も力を入れたのは、第二次大戦の戦没者慰霊祭であった。初秋頃町でその会合を行い、法要内容・導師・配役などを決定。私も昭和四十年頃から参加し、初めて町内各宗派の住職方と面識し、各宗の法要を知った。

だが、共通する経典は般若心経と世尊偈だけで、法要は常にこの二教典を中心にせざるを得なかった。因みに、曹洞宗は私と長栄寺（当時は山田恵教住職）のみであった。

慰霊祭のみでは能がないので、一度だけ手賀沼での水死者慰霊法要を南蔵院（片山）を会場に行ったのは出色物であった。

しかし、町の慰霊祭を仏教会ではなく、町独自で行うようになった平成期からは、仏教会は自然消滅することになった。思うに、もっと多彩な布教活動をしていたらと悔やまれる。

仏道を　学ぶには
まごころ　ひとすじで
真剣でなければ　ならぬ
真剣であってこそ
仏道に　徹底するのだ
　　しばらくして　云われた
だから　仏道に徹底すれば、
一歩一歩が
悟りのための　歩みになり
そこには　何の妨げも
なくなるのだ
だから　人はだれでも
それを　受けて、
悟りの消息に　通じるのだ　と
　　道元禅師『永平広録』巻一

25　自転車通学

沼南で自転車が普及したのは大正年間からといわれるが、これで住民の行動範囲、生活圏は飛躍的に伸びたのである。もっとも、列車にはとても及ばないが。沼南のように鉄道の便の悪い地区はなおさらのことである。

特に泉地区のように、「原道」と言う松戸方面に向かう大巾の道路こそ昔からあったが、柏―印西線の県道が開通したのは、はるかに遅れた昭和十年代であるから、なおさらであった。

近代になってから、私は泉の古老、落合勝司氏（明治三十三年頃生）から直接に、自分は印旛実業学校（印西市）に通うため、毎日二食分の弁当持参で朝暗いうちに家を出た、と言う伝説的な話を聞いている。

だから、私は昭和十年台に完成した県道を自転車で県立東葛高校まで通えたのは、まだはるかに幸せであった。ただし、距離は七―八キロメートル、途中は坂の多いジャリ道。これを生徒は皆自転車を並べて疾走した。泉はまだ良い。同級生では手賀や片山からの者もいて、片道10キロ以上に達する人達もあったが、誰も不平不満をこぼすのを聞いたことがない。むしろ、当時は「上級学校」に通えるという喜びのほうが強かったからだ。

自転車通学の必需品は、パンク直しの道具で、男女を問わず何度もお世話になった。それでも、日曜さえ必要に応じて柏まで出掛けた。いや、柏を起点に東京まで映画鑑賞にも出かけた。私など、当時盛んだった「東葛駅伝」の伴走をさせられ、松戸から野田まで自転車で疾走し、さすがにクタクタになった記憶があるが、順位は第三着で面目を保った。

しかし、この自転車通学で足腰が鍛えられたことはいうまでもない。これは後に年を重ねてから役に立った。柏まで片道十円の路線バスが開通したのは昭和二十五年、高校一年の頃であるが、大雨の時以外はあまり利用した覚えはない。

26　ハイクの布施弁天参り

「ハイキングに行きたいところがある者いるか？」珍しく先生からの呼びかけがあったのは、小学六年生の頃。「はい、布施弁天が良いところだと言うから行きたい。」と答えたのは、女生徒のIさん（現在、千葉市に在住）。これで決定し歩いて行くことになったものの、その遠いことといったら、手賀中（当時は五、六年生は手賀中の校舎）からは、片道およそ三十キロですから、車でもかなりの道のりです。

でも我々は喜々として腰弁当で出かけた。だが、途中でくたびれ果てて休む者もいて、朝の出発で到着はやっと昼頃。現地で食べた弁当のうまかったこと。弁天さんの造作の素晴らしさには感嘆しても、カメラなどは皆無の時代。なんと記念写真など一枚も残ってはいない。

さて、来た以上は帰らねばならぬ。これがまた大変。私は途中で若白毛（わかしらが）の松岡巖（いわお）家（故人）で水を貰って飲んだのを覚えているだけ。こんな長行軍で、引率の先生は二人位であったが、さぞかし大変なことだったと思う。

今、思うに、あのハイクは一体何だったのだろうか。ただ、足を鍛えるための訓練だったのか。長い生涯の間で、ただ歩きに歩いたことだけが印象に残り、精神的に残るものは皆無だった。布施弁天などは大人になり、車ですぐそばまで行った事は多いが、参観は一度だけである。それは、小学校のときの印象（それも行程）が良くなかったからだ、とつくづく思う。ハイクでなくバイクであったらと。でも、あの頃はバイクそのものがまだありませんでした。

27 手賀中タイムス

沼南の手賀中学校から、校内新聞「手賀中タイムス」を発行したのは、いつの頃であっただろう。おそらくは、私が卒業した昭和二十五年ごろからであったと思う。言うまでもなく、当時における学内の動向を知るためには、絶好の資料なのである。

私は卒業生ホヤホヤであったためか、よく文章を書かされた。中でも、中学と高校の違いはいくらでもあるが、中学では学年や学級が決まっていて、先生がその学年・学級の時間に教室に来て授業を行う、これに対して、高校では教科の教室があらかじめ決まっていて、時間になると生徒がその教室へ行って授業を受ける、これが最も違う点であり、その間における諸問題について縷々(るる)書いた覚えがある。

思えば、この高校方式は、その後の大学—大学院まで同じであって、高校の入学時には教場や先生を選ぶ主体が生徒であるから、ちょっぴり子供から大人になったような気分になったものである。

ちなみに、この「手賀中タイムス」のバックナンバーを私は全部保存しており、確か創立三十周年（昭和五十五年）の時、資料として役に立てた覚えがある。

> 仏道を習うと言うふは、　自己をならふなり
> 自己をならふというふは　自己を　わするる
> なり　自己をわするるといふは　万法(まんぽう)に証せ
> らるるなり　万法に証せらるるふといふは　自
> 己の身心　および　他己の身心をして脱落(だつらく)せ
> しむるなり　悟迹(ごしゃく)の休歇(きゅうけつ)なるあり
> 休歇なる悟迹を　長長出ならしむ
>
> 道元禅師『正法眼蔵』現成公案

28　なつかしの有線放送

「何番の何号」「何番の何号」。あの懐かしい声。まだ全国で電話のダイヤル通話が完成する前は、こんなウグイス声を覚えている方は多いでしょう。そういえば、私の家は○番の○号だったと言うふうに。そうです、あれが有線放送であり、ダイヤル電話が普及する前、全国的に広く行われていた通信施設であり、もう知らなくなった世代も多いですね。

これが始まったのは昭和三十年代で、昭和四十五年に廃止されるまでの十年あまりは、日本全国の通信に、いや一般社会にどれだけ大きな貢献をしてきたか、想像もできません。ちなみに龍泉院の番号は二十五の十七番。あまり覚えやすい数字でないのは、

地域が仏教信仰の薄かったことを示しているのでしょう。

このシステムは、電電公社で行っていた公共通信でした。だから、交換手は皆電々の社員、と言いたいところが、正社員は少なく、ほとんどは臨時職員でした。それでも、電話と同じように話しができる以上、便利この上もない利器ではあります。ただ、交換の手数が膨大ですから、中には町役場のような自治体の中に交換手さんを置いて使用しているところが多かったようです。

さて、受益者の利用料ですが、これは無料でこそなかったようですが、とにかく安価でした。日本で電話が開通したのは明治期。市町村や警察等は主に大正期。これにひきかえ、ずっと遅いのではあっても、地方や農山村を中心に、確実に一時期を画した利器、これが有線放送でした。ついでながら、龍泉院に電話がひかれたのは、昭和二十九年で、第二教区十九ヶ寺の中では最も早かったのですゾ！

29　新緑に鯉のぼり泳ぐ

沼南の鯉のぼりといっても、全国のそれと特別に変わった趣向があるわけではない。おそらく原理は同じだろう。だが、四月末ごろからの青空に泳ぐ鯉。これは美しい。時、あたかも新緑にお花の映える季節、この時期にウグイやマゴイが大空を悠々と泳ぐ姿はえもいわれぬ。花火などもそうであるが、日本文化はなんとすばらしい美しさを考究したことと感心させられる。のみならず、戦乱の時ですら、平和を感じさせる象徴をもたらしてくれる。

この文化は、その昔は中国の歳時記の中の代表的な一つで、大昔は端午（たんご）の節句に立てた布であったといわれ、それが次第に印刷され、大形になったと言うが、その印刷がまた見事ではないか。

ただし、良き文化には必ず大きな労苦が伴うこと、花火の一発からも分かるところ。こいのぼりも、見てばかりいる人には、これを立て泳がせる苦労は分かるまい。幟(のぼり)を立てる竿は、まず大工さんでないとできない。その竿をしっかり支える二本の支柱もいる。これら三本をがっちりと深い穴に埋めるのだ。穴掘りも大変だ。幟竿の最上部には滑車をつけてここに幟をつける綱を結びつけ、カラカラと綱をひいて鯉を上げる。何匹も結ぶと、綱はかなり重い。だが、かくして鯉が大空に登ったときの感慨は、自分が中空に登ったようだ。

龍泉院では宏雄の長男が生まれた年、幟竿を大工さんに作ってもらい、上げてみたが、それは大変であった。雨が降りそうだと、鯉布だけを下げて畳み収納する。幟竿は雨でも下げないが、マテ家(や)等の中に退避させる。長期に渡ると大変な労苦であるが、今思えば良き追憶である。日本中で、昔は皆こうしたご苦労を楽しみながらやっていたのだ。

30　村の紙芝居

宗教の業界紙や新聞などに、時折「紙芝居」を使っての布教などの実例が紹介されることがあります。元は専ら子供の楽しみでありましたが、今では大人の懐古趣味も手伝って、案外ユニークな布教手段になっているのかもしれません。そういえば、わが寺にも芥川龍之介原作の「蜘蛛(くも)の糸」などがありました。

紙芝居は誰が発明したのかは存じませんが、ある物語を複数の厚紙に描き、それを順に繰出して、面白おかしく説明しながら、弁士が子供に見せる民芸です。ですから、骨子は(一)原作品の好拙、(二)絵の良し悪し、(三)語り手の上手下手と言う三者にかかっている高度の民芸といえます。

沼南でも、各村村の人々が集まりやすいような場所で、この紙芝居が行われていました。かなり昔からだと思われます。興行師は町方からくるものが多く、近代では自転車に芝居箱と、売品である水飴などを積んでいました。

龍泉院の周辺では、参道の門前に当る突き当たりのT字路が集結場所でした。学校が引ける午後三時頃になると、自然にそちこちから子供が集まってくる。子供はいくらでもいる時代でした。

「ダークちゃん」、ナレーターの面白い口調でマンガが始まる。比較的単純なマンガながら、プロの口調に魅了される。ひとしきり終わると飴売り。終わってさぁ「サハラの嵐」。一転して、砂漠の中での攻防や王宮の恋愛ものに、大人でも手に汗を握る。私は中学生になっても覗(のぞ)き込むことがあったから、もうその時は大戦が終わっていた頃かもしれない。一度は飴を買わずに覗き込み、ナレーターに怒られたことがあった。

だいたい、どこの紙芝居でも漫画と物語をアレンジしていたようで、全国的に同じような出し物が風靡(ふうび)していたのではないだろうか。とにもかくにも、少年少女にとってはうれしい民芸だった。

> 修行の　彼岸にいたるべしと　おもふことなかれ　彼岸に　修行があるゆえに
> 修行すれば　彼岸到なり
> この修行かならず
> 偏界現成の　力量を
> 具足せるがゆゑに
>
> （道元禅師『正法眼蔵』仏教）

31　ショウガ穴に落ちた先生

現代は、学校の先生が担任の児童の家庭を訪問して懇談することがあるのだろうか。昔は「家庭訪問」と言って教員の重要な役職であった。もっとも現代のように、沼南周辺では遠方から電車やバスを乗り継いで来る児童のない時代だったから、先生の往復もさぞかし大変だったことであろう。むろん距離的には近いが、逆に道路は悪く、自動車などない頃だった。

私が中学生の頃、担任の先生で松戸市から来ておられた先生がいた。怒ると鉄拳が飛び怒号がこだまするコワさの反面、暖かで慈しみのある是々非々（ぜぜひひ）の先生だった。

ある時、布瀬（ふぜ）地区の生徒M君宅を家庭訪問で訪れた際、誤ってショウガ穴に落ちてしまった。ショウガ穴は冬期にショウガ（生薑）を貯蔵するため、およそ二メートル近く掘り下げる。そこに落ちたのだから、たまらない。脱出できなくなって、四苦八苦、悪戦苦闘の末に自転車を穴の底から立てて台にし、全身泥まみれになって、やっと地上に上り脱出した。

「いやー、あの時は参ったよ」と。これは後日、私と共に、町の金石資料の調査を一緒に行った際に語られた懐古談である。でも考えてみれば、昭和二十年代の地方の先生方の中には、こんな他人には話せない苦労話しがあるほど、大変な思いをされていたことを、我々は決して忘れてはならないだろう。

32　木舞（こ）いかき

「こまい」とは「木舞い」と書き、要するに、泥壁の骨となる竹のことをいいます。昔の家は皆泥壁でできていましたから、その中身には「木舞い」が仕込まれていたのです。でも、これを左官屋さんが一人で作るのでは大変なので、専門の職人がいたのです。とても単純な仕事ながら、非常に重要な役割を担っていたのですね。

だいたい、泥壁は何回くらい塗るのでしょうか。これは定めこそありませんが、良い家、頑重な家は五回ぐらい壁を塗るのです。社寺建築はこれが普通。その上に漆喰（しっくい）と言う段取りを踏んでいました。

龍泉院も昭和五十六～七年に完成した庫裡と本堂

は、共に五回の泥を塗り、最後に漆喰の白壁と言う順序でした。まずは「木舞いかき」。骨とする竹材を木舞い屋さんが作るのですが、これが大変。細い竹なのに、これを割いて矢来の斜めに張りめぐらすのは、単純ながら、容易な時間ではない。ただ、竹を並べるのではなく、竹同士を縛り合わせるからです。見ていても、気が遠くなるほどですが、職人はこれをコツコツと、終日・毎日やるのです。寺の仕事をした当時、沼南全域で木舞い屋さんはすでに三人しかいなかったといいます。

さて、木舞いが一通りできると、左官屋さんの出番。ここに泥壁の最初の「砂ずり」を塗る。そして、一日以上して、乾いてから二度目の「砂ずり」。また一日以上して、乾いたら三度目の「砂ずり」。こうして「砂ずり」だけでも、最低五日をかけ、完全に乾いたのを見届けて、最後の漆喰仕上げとなる。

寺社建築は圧倒的に純白が多いのですが、場所によっては青や黒や朱も使っている。厚さは全部で一尺にも達します。

吹付けの材料やプラスター、さては現代全盛の布製の壁材が登場するのはその後でした。特にアスベストの害は目に余り、後に大きな社会問題になったのは、ご承知の通り、冬暖かく、夏は涼しく、しかも丈夫な泥壁。思えば、古く単純な木舞いが懐かしいですね。昔の人はエラかったと、つくづく思う昨今です。

高い山ほど　月を永く見られ
雲が静かなほど　空をよく仰げる
　だが　そうなるためには
手足を　すっかり放して
わが身を　あらゆるものの
中に　入れにゃあならん
　たとい　その道はけわしくても
わたしは
もろびとを　救うために

ありとあらゆる
日常生活の中で
自在に　生きてゆこう
（道元禅師『永平広録』巻六）

33　金石調査

「金石(きんせき)」とは金属と石造物のことを言い、石や金属に彫られている文字や絵画のことを調査するのが「金石調査」である。ただし一般にはやや広範囲に板や布に書かれているものも含めるから、要するに紙以外に記録されたり彫られたものの調査を含めていう。

沼南は金石文の宝庫である。それだけ数量が多いからであり、豊かな歴史文化を持っている証左である。だからこの悉皆調査には時間と労力がかかり、多くの人員と日数を必要とする。沼南では約十年の歳月をかけて、何千点もの金石調査を行い、その成果は「資料」二冊として公刊し、斯界を裨益している。私自身、調査に長年携わり、またその成果に預かっているのであるが、ここではその裏話的なことを紹介しよう。

調査の初期は、寺社↓一般旧家の順であった。旧家の場合はまず地区の役員（区長さんなど）に選定して貰い、訪問日時を決めて教育委員会から依頼をする。都合で拒否されることもあるが、おおむね承

こんな文字を全部読み取って
記録する

諾してくれる。こうして訪問して実見実測、一点ごとの計測図に記入し写真撮影、下手な図に描くこともある。昼食は各地区の公共物で。だから教育委員会の職員は必ず一名以上帯同する。一日で終らぬ場合は複数日をかける。成果の写真と計測（記録）データは委員会で保管する。

かくして沼南全域十八地区（旧村）を数千日かけて実施したが、高柳新田（たかやなぎしんでん）地区だけは未調になってしまった。また他にも余りにも多かったために、調査漏れとなった家や場所も若干あるのは仕方がない。強硬に調査を拒絶した家も止むをえない。

しかし私は、沼南町の成果「金石調査資料」二冊は、柏市のみならず県全体から見ても画期的な調査報告であると信じて疑わない。これは決して我田引水ではない。それは今後の依用され方で評価が決まるであろう。

34　交通ラッシュの病院

大井に大きなリハビリ専門の病院・学校があるのを御存じだろうか。創立は一九九三年だから古くはない。だが、ここでは常に医師・患者・理学療法士・看護師・事務員・作業員達が広く長い廊下を交錯し、外では早朝から貨物車や業者が働いている。食後などは駅の人の渦の如く、さながら交通ラッシュの大病院の様相を呈している。他校からの実習生も多い。

百名以上の入院患者には万全の措置がとられている。体温・血圧・脈搏・体重等の常時測定は勿論、食事・排泄の調査（時刻・分量・堅軟）も厳格。月曜と木曜の入浴は九時から十一時までの時刻と規定され、身体清潔と柔軟の下でのリハビリ実施が企てられる。患者の退院後のケアを企る宅地訪問もする。

リハビリ実施は、患者の種別や程度一々に対して何名かの担当療法士が定められ、適当な時間に施法が行われる。時間の配分は前夜七時頃までに患者と療法士の名が二〇分～四〇分単位で決められた一覧表が電光表示され、患者はそれを見て備える。入浴や特別来院者との会見なども、その表示に組み込まれる。今はコロナ予防の為、リハビリ器具の常時消毒、全員マスク着用の徹底が企てられている。

本病院の特長の一つは、言語障害のある人（会話不具合・吃音・発達障害など）の治療に尽力をしていることである。かかる患者は予想以上に多いのである。また、痴呆症の治療も行っている。かくて、療法士も各方面の人材を必要とするから、多士多彩とならざるを得ない。主治医は常に全体を監視し、適切な助言を述べ、回診も頻繁である。

私（椎名）は現在九十歳だが、従来五病院に入院しただけの〝幸せ者〟であるが、このリハビリ病院は厳しさと暖心さを兼備した優秀な病院であると断言して憚らない。それは丁度、禅門修行のための生活規範として一千年の伝統と定評のある「清規」を、現代一般社会の福祉機関の中に置いた感を禁じ得ないからである。

35　くずっ木さらい

杉や松の木の落ち葉は、燃し火のたきつけに絶好。だから、家庭でカマドを使っていた頃は、こうした燃火力の強い「くずっ木」を沢山使って、次にやや太い枝のソダ（粗朶）を使って火力を一段と高め、風呂たきなどはその上にマキをくべて火力を強くしていたのである。だから「くずっ木」は必需品であり、どこの家でも「木小屋」の入口には沢山貯蔵していた。

だから、「くずっ木」さらいは秋から冬の大切な仕事であり、山持ちでない家は、たくさんある家から分けてもらった。その報酬は他の労働との交換か、山持ちの家の木小屋へ「くずっ木」を収納するのが普通であった。よく近所隣りでは相対的に行っていた。

寺の場合は、近所の四戸（別掲）がかなり昔からこれをやってくれていたので、常用する「くずっ木」

は常に木小屋に賄われていました。こうしたわけで、杉山や松山はいつも「くずっ木さらい」または「木さらい」の人々で賑わっていたものです。山林は当然きれいになる。だからよく考えてみると、昔のムラでは田・畑・山林の「三つ物（みツもの）」がないと分家（ぶんけ）には出せない、分家はさせない、といわれていたのは、こうした山林の意義（それだけではない）を考えれば、きわめて理の当然だったのです。農山村の生活は、一見無価値にみえるようなことでも、実はみな大切な生活の営みだったことが多いのですね。肉体労働だけを云々するのは、とんでもない間違いですね。山林は深山でも里山でも、人間が主導権を握っていない場所ですから、それだけでも畏敬に値いすると思うのですが。

ただし　心をもて　はかることなかれ
ことばをもて　いふことなかれ
ただ　わが身を心をも　はなちわすれて

仏のいへに　なげいれて　仏のかたより
おこなはれて　これに
したがひもてゆくとき　ちからをもいれず
こころをも　つひやさずして　生死をはなれ
仏になる

（道元禅師『正法眼蔵』生死）

全身が　あたかも　口となって
真実（ほんとう）の般若（ちえ）を　説（の）べると
ああ　なんと
その場所には　東西南北の　風が吹き起り
その風に　乗って　どこに　向かっても
同じように　はっきりと
鈴は　鈴の言葉を　語りかけてくる
その音（ね）といえば
チチン　トンリャン　チチン　トン

（道元禅師『永平広録』巻九）

二　泉の宗教文化

1　「泉の光」は輝く

第二次大戦後の混乱期に龍泉院の十二畳半の座敷には、応召帰りの壮士や地元で農業に励む青年たちが冬は火鉢を抱え、夏は団扇（うちわ）を手にしながら、甲論乙駁（ぎろんたかわし）の花を散らしていた。これが泉地区の「民主倶楽部（くらぶ）」の集いであった。

今に残る機関紙『泉の光』によれば、創立は昭和二十二年四月であり、顧問には手賀村長、江口七（かず）、龍泉院住職・椎名正雄（しょうゆう）、同総代、泉区長など数名をはじめ、会員は泉区の男子のみ四十名から五十名を擁（よう）する大団体であった。

この会の意図するところは、いわゆる農事研究の名のもとに、農業改善、時事評論、自由論説、思想随想などを語り合い、相互の思想・抱負・悩み・喜びなどをフリートーキングする集会であった。当番二名の用意する喫茶だけで完全に禁酒であったから、乱れる事はなく、真面目な話し合いに終始していた。

やがて会報を『泉の光』と定めて、昭和二十三年八月から創刊し、同二十六年六月まで継続した。わずかに五号までだけの謄写版刷りの会報に過ぎないが、そこには、右に書かれたような建設的な意見を始め、多くの短歌・俳句・詩文なども載っていて、終戦直後における農村の青壮年たちの思想・抱負・苦悩・喜びなどを知るべき好固の資料となっている。私がここで紹介するのは、この資料は柏市内のどこにも既に存在していないと思うからである。龍泉院には大切に保管してあるので、閲覧したい方にはご提出を惜しまない。再び『泉の光』を輝かせたい。

ここに創刊号の「発刊の言葉」を掲載しておこう。今日の個人主義・営利至上主義の社会風潮と比べて、当時の若者たちの貧や困を超えて、如何に高い理想を持って生きようとしていたかを比較するのに良いと思うからである。なお文責者は無記であるのがまたゆかしい。

「発刊の言葉」

最近、世界の文明は、急速な勢力でその進歩と変化を来している。殊に我が国は終戦直後から未曾有の変革となり、軍国主義、或いは全体主義から百八十度の急転をして民主的となった。今や新憲法が施行されて、何処にも自由、平等が叫ばれ、次第に東洋の一大民主国家が建設されようとして居る。

元来民主主義とは、人間生活普遍の原理で、その自由こそは、吾々人格の本質である。然るところ、この民主思想は、動もすると、自由は放縦に流れ、平等は悪平等に走り、あるいは義務を忘れて権利のみを主張すると云ふに至っては、はき違い、誤りも甚だしいものと云はなければならぬ。政府に於いても、民主化に努め、又民間にも民主運動に激しい様相がえられるのであるが、然し、一面前述の如き、誤られた却って民主主義に遠なかるものがあり、又依然として封建思想を脱却しない徒の少くないのは甚だ遺憾である。

殊に農村の如きは、民主思想が遅々として理解し透徹して居ない。否、ともすると、旧思想を謳歌し、依然ボス的気分に捕らはれる傾向さへある。これでは何ら進歩を見ることは望めない許りか、明るい愛郷を創造する事は到底期待出来ないのである。

茲に吾々青年は恒に憂ふるう所ろで、何とかして本当に住み良い郷土を建設し度たいと、遂に同志と相図って「民主倶楽部」なるものが誕生したのである。而して更に機関紙『泉の光』を今回発刊して、真の民主々義の徹底を図り、他面、農村文化の向上に助けるべく、吾ら青年の誠なる熱意の存する所を傾け、あえて披瀝する所以である。

（ルビは椎名付）

2　うれつき塔婆

昭和期の終り頃、古いお檀家の石井国夫さん（故人、屋号は金左衛門が来山し、「こんな木っぱが田んぼの暗渠工事で出土したから持ってきた。何か字が見えるんで」と、長さ六尺ほどの木の枝状の古いものを持参しました。よく見ると、上部に「日月」と書き、その人は梵字で「アビラウンケン」と読めます。すると、真言密教系の塔婆で、それもはっさり生木を用い、それを削って作った塔婆、つまり「うれつき塔婆」といわれるものとみられます。「うれ」とは「末」と書き木の幹や枝の先、草の茎や葉の先を言います。

　この塔婆は大変に古く珍しいもので、下部には戒名などが書かれていたのでしょうが、惜しくもそこから下は読めず、また裏側は全く解読不能です。

　折しも、昭和末期に松戸市立博物館で中世の展覧会が開かれました。その際に既知の中山文人先生から、「何か中世のものがあれば出陳を」といわれていたので、この塔婆を出しました。ところが先生曰く、「関東に末つき塔婆があるのは聞いていたが、実見するのは初めてだ」と、珍品中の珍品という折り紙を付けられました。

　これが出土した場所は、地元では「表谷津」と言われている、金山から泉に向う田んぼの中であり、ほかには何の手掛かりもありません。長年に亘り水没していたので、かえって腐蝕も風化もせずに残存したのでしょう。もしも近世ではなく、五百年くらい古い戦国時代ごろと見られるからには、地元出土の古跡遺物として、大切に保管したいですね。樹脂などで固めると良いと言われますが、まだ何も実施していません。近い将来を期したいと思いますが。

3　泉の小字はなぜ成立した

　市町村の中で更に小さな区画を、昔は大字・小字と言いました。今も使っているところもありますね。沼南では、大井や高柳のような昔の大村には非常に多数の字があり、複雑な歴史を物語ります。泉の場合はさして多くは無いのですが、それでも三十以上はあり、その由来を考えるだけでも地元の歴史が多少はわかってきます。

　まず地元から始めましょう。この寺の辺の字は「向寺」。だから、北側の県道を挟んだ、より北側の台地からは、訛って「向山」と呼ばれています。つまり「向」は向かってあちら側を指していると分かりますね。つまり、北側の台地の方が向山より古いのです。その字名は「玄場・馬場・中城」です。このうち前者は「検番」の訛りでしょう。とすれば、昔この辺に役所（砦）があったのでしょうね。

　その間の低地を県道が通っていますが、ここは「サイカチ戸」。おそらく漢方薬や代用石けんになる皁莢の木が繁茂していたのでしょう。「中城」は、小田原と泉村の台地の間にあった砦の名残と思われます。その北側の台地「熊ノ山」は、本物の熊ではなく、隅（隅っこ）の山の意味か。「久保内」「高畑」「山中」「背中堀」は、地形からの表記、「辻前」「宮後」「四辻」「古房」は墓地や寺社からの表現ですが、「古房」が注目されます。「切返」は、戦国時代の名残、「鳥内」は鳥撃場だったところでしょう。

　その他、そちこちに見られる「原・大・堀・山」などのついた字名は、みなそうした自然の地形から取られたものと考えて良さそうです。東西南北の方向も同様です。富士がついた地名は、富士山の見える土地で、至る所にあるのと同様です。こうして泉区（元泉村）の字名は、ほぼその成立も由来も説明がつきます。自然と切っても切れないものが多く、特殊なものには「三夜（元二十三夜堂に立石されていた）・ぶちが峠（富士が峠の訛りか）」など僅かに過ぎません。異論のある方はぜひご教示をお願いします。

　ちなみに、沼南の近辺町村では元木間ケ瀬村の宝珠花は、船から荷上げした魚の乾燥場であったので「干し場」から取って宝珠花とした例や、白井市の一字だけの字名のような事例は存在しない。

> ほとけ法をとく、法ほとけを説く。
> 法ほとけにとかる、ほとけ法にとかる。
> （道元禅師『正法眼蔵』仏教）

4　中城・鈴木らんとう

泉地区には、「中城らんとう」と呼ばれる小規模の墓地があります。場所は、手賀西小学校の直ぐ北東側に当るところで、面積はせいぜい三畝ぐらい（百坪未満）でしょうか。

その中央には、通称中城家の大きく立派な石塔が並んで立っています。言うまでもなく、中城家（現、古川一博氏）、先祖累代の石塔で、時期は概ね江戸初期からのもので、板碑は見当たりません。

ここには以前、加納川家など異なる姓の墓石もありましたが、現在はお寺に移転されています。「らんとう」とは「乱塔」でお墓のことです。

中城らんとうの直ぐ北側に「鈴木らんとう」があります。中城らんとうより狭いですが、ここには板碑が幾つか立っていて、中世からの古い墓地だったことを示しています。

ここは泉在住の鈴木姓ばかりで、菩提寺は大井の日蓮宗妙照寺の家々であり、家号は茂左衛門・同分家・茂兵衛・紋右衛門と、「モ」がついているのが共通です。何か関係があるのでしょうか。

両らんとうの施主とも、昔は子供が亡くなると龍泉院で葬儀をし、大人の場合は大井の妙照寺でした。龍泉院には子供さん達の位牌が祀られています。その為か、昔は全家とも盆正に挨拶に来ていましたが、昭和末期からは途絶えました。同様に、龍泉院の施餓鬼会当番も昔は努めていましたが、同時期から止めました。

このように、昔からの縁が途絶えるのは淋しいですが、現今は無葬儀の家や新興宗教に走る家があるご時勢であり、現在は極めて流動的な時代というのが本音でありましょう。

> 人生僅か五十年　下天のうちを比ぶれば
> 夢幻の如くなり　一度生を得て
> 滅せる者の　あるべきか
>
> （幸若舞）

5　四つのホラの成り立ち

沼南には、二十ぐらいの旧村が明治初年に合併して手賀村と風早村という二か村になったのが始まりで、これが第二次大戦後まで続いていた。ただし、各村は更に小さな自治組織に分けられていた。この組織のことを、ホラとかツボと言っていますが、別に先祖が「洞」や「壺」の中に住んでいたからではないでしょう。泉の場合は一貫してホラ。でも、それはいつ頃どうして生まれたのでしょう。

泉村は、最初期は小村でした。「下口十三軒」と言う伝承もあり、西方に十三軒しかなかった時代もあったようです。これが段々と戸数が増え、元和六年（一六一九年）の検地帳では約三十五戸になっています。その後、元禄ごろの長妻権兵衛家の名寄帳では、約五十戸にも増加しています。

泉には、西・中・東・南の四ホラが存在し、全ての役職がこの四の倍数で構成されています。もっとも、現在では地形上の理由で西と南が戸数が多く、全体的にはアンバランスになっていますが、まだ昔からの慣習が踏襲され、四ホラのままです。

伝承では西が最も古いといわれます。すると、泉は昔は何十戸ほどだったのが、まず西と東に分割され、増えてきたので「中」を独立させた。東には現在の中や南のホラも少しは入っていた。ところが南が特に増えてきたので、これを独立させて四ホラとなった。古老の話しでは、南のホラが出来たのは明治期だという伝承があります。

それを裏付けるものに、庚申講供養の供養箱二つがある。これは昔、西と中で一つ、東と南で一つ、それぞれ所有して供養を行っていたものと。つまり、西と東との二ホラ時代の名残を伝えるものであろう。

かくして泉村のホラは、まず西と東、次に中、最後に南となったと考えてまず間違いないでしょう。今後はどうなっていくことやら。おそらくは新字名がポンとできるでしょう。

6 川せがき

念仏講中は様々な宗教的行事を行っていましたが、八月末には必ず手賀沼にサッパ舟を出して施餓鬼を行っていました。これは「川せがき」と言って、魚貝類の霊や人の水死者の霊を弔うための供養法要でした。沼南でこれを行っていたのは、ほかに片山や鷲野谷などでしたが、全体的にはごく稀な行事だったようです。

導師は地元にある寺の住職が努めるもので、時期的に他寺のお施餓鬼法要のない日を選ぶから、宏雄の時は八月二十二日が多かったようです。教区寺院のお施餓鬼が十六日から二十一日まで、二十三日には区内の吉祥院のお施餓鬼をすると、二十二日にしか空きがなかったのです。

川せがきの当日、沼まで行くのは念仏法願だけ。沼から泉地区への掘り割りまで歩いて行き、そこからサッパ舟に乗り、五十メートルほど沼の中まで進み、あらかじめ法願が用意しておいた七〜八尺ほどの大枠角材に塔婆を立付る。住職は舟の中央に座って施餓鬼法要。終って、帰り舟から沼の中に小さなお札を流す。そのお札はちょうど対岸に当る我孫子市正泉寺で、昔から由緒があるといわれる地蔵札であり、その小さな版木が龍泉院にあるものから毎年刷った札であり、これを流しながら帰舟する。その後、一般講員は法願と共に念仏を行う。ただ、これだけの行事である。

したがって、予め住職が用意するものといえば、塔婆一本と地蔵札二百枚ほどである。なお、平成中頃からは、住職が法願衆（男女各六名）を乗用車に乗せ、寺から沼まで往復していたが、平成末年と共に念仏講そのものが廃止となったので、この懐かしい行事も終わりとなりました。淋しくなりましたね。

仏道修行の功を以て　かはりに
善果を得んと　思ふことなかれ
只一度　仏道に廻（めぐら）向しつる上は
再び　自己をかへりみず
仏法のおきてに　任せて行じゆひ（き）て
私曲（ふせい）を存ずることなかれ
先証　みなかくの如し

（道元禅師『正法眼蔵随聞記』五）

7　お諏訪帰りは泉の三夜

私は泉地区にある真言宗豊山（ぶざん）派吉祥院を「兼務」していたことがある。昭和四十年頃であったが、吉祥院総代を兼ねていた龍泉院総代の頼みで受諾したのだ。といっても、これは公の宗教法人の上からではなく、現実の寺役に限られていた。

具体的には八月二十三日の施餓鬼会（せがきえ）執行が主であり、当番（泉区の世継（よつぎ）で五戸）が朝に龍泉院へ「十二天」の掛け軸を借りに来山し、これを三夜堂（さんやどう）の内部四方に飾りつけ、本尊様には山海のお供物を供える。十一時頃に当番は再び寺に来て住職を迎える。出席者は、当番のほかには区長と地元総代四名のみで、揃って待機している。

法要（もちろん曹洞宗式）は一時間弱で終了し、掛け軸はまもなく返還される。他の人たちは宿（やど）のハナの家に赴き、酒肴の接待を受ける。（ハナとは世継ぎの最初の意味で初と書く）。これで終了。

この法要のほかに、この吉祥院三夜堂の改築・仏像修理・石塔移転等を行った場合は、いつも兼務住職がこれを努めた。面白いのは、この三夜堂の右側にそびえ立つ大銀杏の実の処理である。例年秋には埼玉から専門の業者が来て、木に実を成らしたまま値踏みをし、今年はX万円でどうですか、と値を決めた後に複数の者が来て実を叩き落して持って行く。

三夜堂は、泉区の決議により吉祥院の貸付料（手賀西小学校への地所貸付代金）を資金に平成年間に改築し新造となったが、表の「廿三夜堂」の額字は宏雄が書いた。ところが賽銭箱は一度箱ごと盗難にあったが、すぐに新調した。

そもそも吉祥院は、天神山吉祥院（石井源右衛門家氏神の銘文による）と称する真言宗豊山派の古寺で、我孫子市中峠龍泉寺の末寺。戦国時代から存続していた古寺院である。施餓鬼の日は、昔は「お諏訪帰りは泉の三夜」と称され、柏市豊四季の古社、諏訪神社の大祭（八月二十二日）と並び称されたこともあったからには、三夜堂は盛えたことが偲ばれる。宏雄の前には藤田光真師が兼務していたが、昭和末頃には本寺の龍泉寺住職が来山して、今後は自分が兼務するので従前の労を感謝する旨の挨拶をされたので、これに承諾した。だが、泉区民はかえって法要の送迎が遠くなったと喜んではいないし、会計や管理は従前通りに泉区で行っている。詳しくは『沼南の宗教文化誌』二―10「吉祥院と三夜堂」を参照されたい。

なお、三夜堂の境内には「三夜」の文字が掘られた古い石碑が祀られているが、これは昔泉地区の字「三夜」から出土したものであり、その経緯は未知の謎を秘めている。大昔にはお堂の側に立っていたに違いない。それを誰かが引抜いて田んぼに捨てたのだろう。それを何かのきっかけに田んぼで見つけた人があり、そこをいつしか「三夜」と呼ぶようになったのか。思えば、この石一つに、さまざまな人間の信仰や怨恨や慈善などが込められているのだ。それも何百年かの永い間に。

8　泉の床屋さん

昔からどこの村にも街にもあるのが床屋さん。今も昔も頭髪は重要な身体の部分であり、これが付いた語彙は多く、みな重要な意味を持っていることが、それを裏づけている。だから、頭髪を整えることは、古今東西不変といえる。髪結さんと床屋さんが大切にされる所以である。昔ほど床屋さんの地位は一般人よりも高く、それだけに志願者も多かったという。

泉村の床屋は比較的少なかったようであるが、それでも各時代に一名ぐらいは各霊簿の中に見出される。各村とも同様であろう。

近代になってからは、泉は加納川家である。出自は伊豆七島といわれるが、私が知っているのは常吉—喜一—隆の血縁三代であり、みな技術は高く上手であった。とはいえ、私は丸刈りと剃りだけであったが、隆氏は剃髪の時は前日から剃刀を砥いで用意していてくれた。非業の最期を遂げたのは惜しみても余りある。

ちなみに、我々禅僧の修行は剃髪が最初。昔（昭和三十年代）は長さ十センチほどの日本剃刀を砥ぎ、二人一組で互いに剃り合う。ぬるま湯につけただけの頭を差出し、新聞紙一枚を手にする。初めは一時間半もかけて傷だらけになりながら剃り合う。これが出来ないと他の修行もだめ。今日の高級カミソリとは比較さえできない。年を重ねると、昔が妙に懐かしい。

般若波羅蜜は（道を歩ゆむ者の智慧とは）
是諸法なり（それこそあらゆるものの中にあるのだ）
この諸法は不生不滅なり（それは生れもなくなりもしないし）

不垢不浄不増不減なり（無色透明であって増えも減りもしない）
この般若波羅蜜多の現成せるは（この道を歩む者の智慧の現れるさまは）
仏薄伽梵の現成せるなり（仏さまのいのちがいつも現れているさまだ）
問取すべし参取すべし（それをよくたずねよく調べてみよう）
供養礼敬する（それをたっとびうやまうことが）
これ仏薄伽梵に（それこそ仏さまのいのちに）
奉覲承事するなり（ほんとうにお仕えすることであり）
奉覲承事の仏薄伽梵なり（お仕えするいのちのありさまであろうことよ）

（道元禅師『正法眼蔵』摩訶般若波羅蜜）

9　南原の一里塚

泉地区の中央から南方の松戸方面に向かう道路は、昔は「松戸みち」「十三間道路」と称して、かなり道巾の広い道路でした。私が東京に行くには、この道を藤ケ谷のゴルフ場まで歩き、そこから松戸行きの路線バス→上野→高田馬場がふつうだった。何よりも鉄道線路を見るのがたまらず好きだった。

　ゴルフ場までの間は、ほとんど松の木が繁茂する山道で、現在の藤ケ谷新田あたりは道と道が幾筋も入り込み、間違えると大変。でも大人はよく承知で、云われた通りに行けば間違いはなかった。

　大昔からこの「松戸みち」を通って東京方面から手賀沼方面に向かう人は、エライ人から高僧ニコライをはじめ、各界の知識人に至るまで、どれだけいたか分かりません。それほど「松戸みち」は、地域の要路であり、当地の重要な街道でした。

　こうした重要街道には、昔は当然国の出先機関である〝木戸〟や〝関所〟があるもの。「松戸みち」はどうだったのか、といえば、わずかに現在の原家あたりが「泉木戸」と称して名残を留めていますが、遺構は残されていません。

ただ、同家には大きな大日如来坐像を祀り、古い仏典や医方書なども所蔵され、昔は密教系の行人（ぎょうにん）が居住し、泉村の村人に呪法や医方を授ける里修験（さとしゅげん）的な行者（ぎょうじゃ）をしていた事が推測されます。原一家のお墓も、家の前を走る「松戸みち」との間にあり、一般家庭とは異なっている。また、当家の母屋の前には、かつて樹齢数百年は優に超える見事な大松（黒松）があり、昭和期までは異観を呈していた。

私は何度もこの大松を見ているが、その大きさは見事でした。秋十月頃、キノコ取りに来た人で道に迷った者が、この大松を頼りに無事帰宅した例が沢山あったという話しも聞いている。この附近には、それほど初茸の出る松山が沢山あったと同時に、原家の松はそれほど長大だった事を物語るものだろう。

さて、大昔はこの原家の辺りが起点となって、泉村の南原（みなみつぱら）を通り、柳戸（やなど）村の方向に「一里塚」が築かれていたと、原家の先代義男氏は語っていた。何間置きにどんな材料でどんな形かは不明だが、とにかく一里間隔だったという。こんな話を実証するには、発掘調査以外に考えられないから、早急に有無存否を知ることは不能であるが、今後もしも当該の南原方面の開発でも進めば、何かの手掛りがあるかも知れず、泉木戸との関係もあり、今後の興味深い検討課題として掲げておきたい。

なお、この原家の大松や古井戸等については、拙著『沼南の宗教文化誌』四―19「白蛇の井戸」をもご参照ください。

10　鳥びしゃまつり

「オビシャ」と言う原始信仰型のまつりは、全国各地に存在する。主に、神社の境内なので神官（かんぬし）が三本足の烏（からす）などを射て、村々の五穀豊穣・諸災消除等を祈る儀式である。

沼南では、この行事はほとんどの地区で行われていたが、泉と鷲野谷(わしのや)の二か村だけは、「鳥びしゃ」といって糝粉(しんこ)の鳥を造り、これを赤黄青などの色で塗り分け、この鳥たちを木の枝に留まらせた箱庭のようなものを当番衆が作り、これを祭場に飾るという風習があるのが珍しいとされている。
ただし、これは鎮守の祭壇ではなく、泉では村北の妙見社、鷲野谷では鷲神社のお祭りであり、日取りも二月二十二日と翌三日に行われるのが特徴である。どうしてそうなのであろうか。

以前、その由来を県の係から照会があったこともあります。ただし、よくは解りません。ですが、両者とも村の鎮守ではなく、昔の相馬氏の鎮守であるという共通点と関係があるのではないか。相馬氏は北斗七星や妙見社を殊更に信仰した。かつて幕末に泉の妙見社が京都から社号を受ける時に「相馬北斗神社」とする動向もあったといわれる。とまれ、鳥との関係がまだ判然としないが、どうも相馬氏との由来から来ているものと思量する。

なお、泉の場合、昔はこの鳥の良いものはかなり高価で売れたと言う。歴代、鳥造りの名人がいて、現在児童に教授している人もいる。地域の伝統文化継続のためには、すばらしいことだと思う。拙著『沼南の宗教文化誌』四—13「めずらしい鳥びしゃ」はより詳しい記述をしてありますので、ご参照ください。

11 法願さんのご苦労

沼南で「法願(ほうがん)」と言えば、各旧村別に組織されていた、例の念仏講のリーダーで通用する方々でした。たしかに念仏講はムラの郷土信仰の中心であり、多彩な行事を司っていました。

一口に念仏といっても、宗派的なものではなく、葬祭行事や、他の仏教的諸行事と密着して行われてきたことが、全域的に盛行をもたらしたのであろう。詳しくは拙著『沼南の宗教文化論集』に各村別の統計や特殊事例を挙げておいたのでご覧いただきたい。ここではその中のリーダーである法願さんを、主として泉区の例でご紹介しよう。

　ホーガンは男女六名ずつからなるが、これは十年毎に正月十六日の寒念仏の日に講員が選出し就任する。念仏には種類も多いが、法願はその音頭取り。葬儀の野辺送りは勿論、川施餓鬼に乗船して塔婆を建立し、地蔵札を流す役、虫送りに鳴鉦してお札を配る役、光明真言の唱和に先導して鉦鼓を打ち称導する役など多彩ですが、葬儀の野辺送りが最長で最も大変。なお、この時には太鼓の皮を緩めておき、音の高まりを収めておく習慣などは、考えてみれば素朴で奥ゆかしい農村の慣例として、日本民俗行事の誇りと思うが、いかがでしょうか。

一扶と軽煙る遠近の山
これを　展げて

淡墨の画図と成して看れば
目前は　分別に清幽な　意となる
だが　しかし
是れは
道人者でなければ
倶には　話り難からん

『大智禅師偈頌』

12　泉の盆おどり

「盆おどり」は、全国的に最もポピュラーで伝統のあるものといってよい。本来は供養する精霊を慰めるためのものであるが、実際は生きている者の楽しみとして、大勢が一緒に踊る趣向または楽しみとなっている。まあその意味では、現世利益の一つと

懐かしいですね（ユニフォーム着た子もいる）（1987年8月16日）

いえようか。

沼南辺りの盆おどりは、大体そのムラのお施餓鬼（せがき）のある日の夕方にかけて行われてきた。だから遠く近く太鼓の音や拡声器の音が聞こえると、ああ今日は○○の盆おどりだな、そういえば○○地区は今日施餓鬼だった、というほどだった。

泉地区では、例年八月十六日のお施餓鬼（今日では施食会（せじきえ）という）の日、寺の庭で行われた。もっとも、山門外に駐車場が出来てからは駐車場で行われたが、そのころからは段々に淋しく下火となり、遂に廃止となったのは淋しい。周辺の地区でも、みな平成の中頃を最後に取り止めになった所が多い。

その原因は、若者たちの激減、他の趣味や娯楽の多彩化、などが主因であろう。だが、大勢で一緒に歌って踊って楽しむ風習の廃止は、現代人が大勢で他人と歌舞をする事を嫌う傾向が強くなっているのかも知れない。

昔、沼南の某地区と白井（しろい）町の某地区が盆おどりの晩に喧嘩の末、殺生沙汰に及んだことがあり、マスコミを賑わした。その後、この両地区は交際を絶ったという。こんな事は絶対にあってはならない。いやしくも、死者の精魂を慰める供養の行事なのであるからには。

ちったお花の　たましいは
みほとけさまの　花ぞのに
ひとつのこらず　うまれるの
だってお花は　やさしくて
おてんとさまが　よぶときに
ぱっとひらいて　ほほえんで
ちょうちょにあまい　みつをやり
人にゃにおいを　みなくれて
風がおいでと　よぶときに
やはりすなおに　ついてゆき
なきがらさえも　ままごとの
ごはんになって　くれるから

かねこみすず「花のたましい」

13　辻堂にも来た天狗党

幕末の混乱期に関東一円を震駭させた天狗党の事件。最後には福井県下で官軍に下り、処刑された結果となりましたが、一時はいつ天狗党がおらが町や村にやって来るかと、街道筋などは震え上がったといわれます。

一種の革命を目標に、茨城県下で旗上げした天狗党は、やがて栃木町を焼き尽し、近辺の町村で強奪・放火・強盗・殺人などを繰返して、しだいに仲仙道を西に向かいます。まだ関東で暴威をふるっていた頃、この下総にも来て略奪などをしました。

高柳の島村精米氏の『沼南のあれこれ話』にも載せていましたが、当時高柳村での理不尽な行跡が紹介されています。

泉村に来たのはただ一人。刀を手にした党員が来て無理難題を言った。困り果てた地元の者は宿舎に辻堂を提供して食事をふるまい、一泊させただけでうまく追返したといいます。こういうと簡単ですが、当事者はどんな恐ろしい目に合い、恐怖心を募らせたことか。また辻堂近辺の住民は、いかばかり恐ろしい一夜を過ごしたことか。想像することもできませんね。でもまあこんな事で終り、天狗党来襲のことは、いつの間にか忘れ去られて何よりでした。

14 戦中戦後の演芸・映画

第一次大戦ごろまではともかく、第二次大戦は、米軍のB24～29が日本近辺の諸島を基地として頻来るようになった昭和十八年以後は、もはや戦争は事実上終了していた。

だからこの時期の演芸・映画などの娯楽施設は、沼南近辺の農村部では無縁に近かった。わずかに秋祭りの日などに、昔のムラ別に小規模の演芸会が開かれるくらいである。泉はそんな催しの好きな地区だったようで、沼南の中では比較的頻繁に演芸が行われた。

場所は寺が最も多く、次いで大農家の庭などを借用して行っていた。龍泉院では十月十九日の秋祭りに行われることが多かった。主催は当時各村別に組織されていた青年団である。朝から寺に集まり、まず舞台装置。

これは木の臼が多く用いられた。ひっくり返して戸板を乗せてゴザを敷けば、たちどころに舞台に変る。うすきれいな布を四方に張ればOK。ここでレコードに合わせて歌・踊り・その他を演じる。東京辺りのドサ廻りの芸人もよく訪れていた。そんな連中とのつながりのある者もいたようだ。

当時はなぜか「やくざ踊り」が盛んだった。戦争で世間が殺伐としていたからだろうか。うまい芸人には大喝采の反面、下手な役者は後々までカモにされた。会場としては、泉では寺の他に南の新宅さん（染谷良久家）や西の吉岡勘右衛門家が多かった。勘右衛門家は興行師とのつながりでもあったのか、頻繁に映画上映が多く、続に「カンニム館」と呼ばれていた。これに対して新宅さんでは戦記物などの映画が大きなスクリーンで観衆の目を引いていた。中学校の同級生が主催したこともある。いずれも料金は安かったので観衆は多かった。

これは戦後になるが、テレビが世に現れたころ、沼南には三台しかない中の一台が泉の石井金一家（中）にあり、毎晩廊下から庭に向けて放映。黒山に集まる観衆のお目当ては、力道山の出るプロレスで、これはかなり長く継続した。今思えば、これは一種の社会奉仕事業であった。私自身はほとんど見物人にはならなかった。プロレスそのものにあまり興味がなかったからである。時期は昭和四十年ごろだったと思う。

15　泉屋の活況

泉の南のホラに「泉屋」と呼ばれる古い料理屋がある。現当主は長妻まつさんで、私宏雄とは同級生。かつては裁縫の達人で、私も白衣何着かを仕立ててもらったことがある。

この家は奥行きが広く料理屋作りで、小規模乍らお庭もある。幕末から往古（明治・大正期）はここにムラの要人たちが集まり、夜な夜な杯を酌み交わして賑わった。残された分厚い大福帳によると、単に料理のみならず、沼南でも重要な商家であった事が分かる。

すなわち、取引していた商品は、米穀・麹・燃料のほか、肥料・炭薪・魚肉・酒類・他の穀物も大量に扱っていた。近くに飲食店がなかったこともあるが、沼南では重要な店だったのである。

故に幕末ごろから何度も窃盗・強盗が入った事が

あり、その都度寺の梵鐘を打って人々に急を知らせた。寺が近く、それだけ要人の出入りが多かったことによる。当家には昔の商業の名残をとどめる大徳利を現存している。

また右の大福帳をよく検討すれば、なお多彩な商業行為が明らかとなり、沼南の歴史解明に役立つことを確信して疑わない。今後の調査を鶴首するものである。

16 屋根屋さん、どこに行ったの

「屋根屋」といっても、現代の瓦屋根やトタン等の金属葺きの屋根ではなく、いわゆる茅葺き屋根を葺く職人さんのことです。現代ではこういう屋根が激減し、職人さんも暁天の星になりました。どこに行ったのでしょう。

昔の農家は茅葺きが当たり前、だから職人さんも多く、各ムラに屋根屋は何人もいました。しかも農

典型的な農家の母屋（1985年1月6日）

業と兼業の人が大半でしたから、なおさらでした。器用な人なら、見よう見まねで共業をしたものです。現在は、文化財保護などの為に都道府県単位で職人や茅を保護している所もあるようです。

屋根屋さんの主な道具は、半刺（はんさし）（刀剣）と刈込みばさみだけ。これを巧みに使って茅（かや）と竹を交互に並べて形を作り、切り揃え刈込むだけですから、名人芸です。

名人芸といえば、棟の破風（はふ）部分を作るにはかなりの技術が必要だそうで、この部分の美しさが下総地方の屋根の特長だといわれます。その他、屋根屋さんについての大切な事は、かつて町で聞き取り調査した内容を特集して全戸配布したリーフレット「沼南のむかし」に詳しく載っております。

現在、沼南で代表的な茅葺屋根は、柏市有形指定文化財となっている福寿院（高柳（たかやなぎ））観音堂でありま す。その他には個人の建物でまだあると思われますが、不肖にして存じません。なお、まだ若くして十年ほど前に物故された写真家の森一男氏（塚崎）は、沼南の茅葺屋根の写真を豊富に撮影して残してくれました。今後、当地方の写真として大変高い評価を受けることは必定でしょう（柏市教育委員会所蔵）。私は屋根屋さんでも木艶（こび）きでも興味があると覗（のぞ）くだけでした。

17　ナシ屋さん

夏の暑い日、冷えたナシの味は格別。どんなお菓子にも勝ります。昔は鳥取の二十世紀が最高といわれましたが、今は千葉のナシ。それも様々な品種や加工品も出廻り、全国有数の評判を得ています。沼南のナシは特に名高くなっています。泉地区では現在の専業農家は五戸ほどに激減しましたが、どんな経緯をたどっているのでしょうか。

沼南の近くでナシを始めたのは市川市大野（おおの）辺りといわれます。たしかにあの辺りはナシ園ばかり続き、その老舗を物語っています。だんだん西方に向い白井—鎌ヶ谷—沼南と移行してきたのでしょうか。

泉では最初期の昭和三十年代、山桐正則家で大量に梨園を始めたのが古い方で、杉野正夫、江口昭昌、染谷一弘・谷沢家・古川正和・石井太市郎の各家、つまり東のホラから南のホラの人達へと広がっていきました。これは、選果場や販売所が道路沿いにある事がPC時代には必須である事から、その条件を持つ東のホラから南のホラへと移行して行ったのでしょう。他の地区でも、広い道路の沿線に巨大なナシ園を持つ所が増えているのは、同じ理由からでしょう。

ナシの品種も多いですが、泉辺りでは豊水に始まり、香水・秋月・新高などと続き、更になお新種が続々と登場しています。これらのお世話は、冬場の木の剪定に始まり、春の交配・摘花が大変で、その間に施肥・殺虫・除草は常時のこと、更に実がついてからも摘果・散水・台風除けの掛網等々、一年中休みなしです。ゆえに他から人夫を入れない家では、家族が多くなくては成り立ちません。こうして沼南辺りでは大家族構成の農家で道路沿いの場所に限られ、泉では遂に漸減し五戸となったしだい。五戸の皆さん、どうぞ頑張って泉の光を、沼南の輝きを守って行って下さい。

18　五つの大師堂

泉地区には、東葛印旛大師組合の八十八ヵ所巡行札所の内、つい近年までは五つの札所がありました。これは、沼南地域でも旧村の手賀や高柳をも凌駕して最も多い。なぜそうなったのだろうか。まず、その五ケ所の札番と所在を挙げると、次の通りです。

1　新四国28番　泉・鳥見神社
2　新四国31番　泉・吉祥院
3　新四国33番　泉・龍泉院

懐かしい昔の菅谷不動尊と70番大師堂（1989年4月30日）

4　新四国70番　泉・二十三夜堂
5　新四国16番　泉・菅谷不動堂

端的にいえば、4の二十三夜堂は吉祥院の直下に位置し、巡拝し易いこと。16番の不動堂も龍泉院に行くための中間で好都合な位置関係です。然し事はそう簡単ではない。古記録によれば、70番は元から長らく吉祥院に置かれていたが、つい令和二年に二十三夜堂が改築されたので同三月に吉祥院に里帰りし、5の16番はもと泉の妙見社↓泉・龍泉院↓鎌ケ谷市軽井沢薬師堂と三転したのである。大正十一年に軽井沢に移転時の立派な請取証文は、今も龍泉院に保存されています。

このように当大師組合の八十八カ所は、二百年の間に様々な事情で移転したものも多く含まれています。この辺については、拙著『沼南町の宗教文化論集』をご覧になってください。

ただ生死　すなはち
涅槃と　こころえて
生死として　いとふべきもなく
涅槃として　ねがふべきもなし
このとき　はじめて
生死をはなるる　分あり
乃至
この生死は　すなはち
仏の御いのちなり
これをいとひ　すてんとすれば
すなはち
仏の御いのちを　うしなふなり

（道元禅師『正法眼蔵』生死）

19　なつかしの火の見櫓

国内では、もう古代の遺産とされる火の見櫓など、見たくとも見られないでしょう。火災報知には、全国的にサイレンやＰＣの高度技術が開発し普及したからである。東北大震災以後は特に著しい。今時これが残存していて、それが往年の寺院の鐘であったりすると、そこには必ず貴重な記録があり、資料性が高いのであるが、残存そのものが暁天の星である。

さて、泉の火の見櫓はどこにあったのか。もう覚えている人も今では少なくなった。現在の仲野屋商店の屋敷から斉藤家寄りの場所に立っていた。泉がまだ一村時代か、東西二ホラ時代の名残りに相違あるまい。いずれにせよ、泉が見渡せる櫓を高く立て、その上部に屋根付きの小さな櫓を置き、半鐘を吊下げたのであろう。地元の火災の際はどれほど活躍したことであったか。

特に泉村半数が焼失したという明和年間などは、この時はトリウチさん（現石井常雄氏）が火元だったために村八分に遭い、今の字鳥打という村外れに追放され、イの一番に村の鎮守を再建したが、資金難で彫刻なしになってしまったとか。ありそうな話ですね。

近村が火災の場合はどうしたのか。記録がなく伝承ですが、明治の初め頃隣の柳戸村で大火の時、ちょうど泉消防団は出初め式の際中（正月四日か）で皆身支度をしていたので、ソレっとばかりに駆けつけて消火につとめたので、これを期として仲違いだった両村は仲良くなった、という佳話が伝えられています。火災とは大変な非常時ですから、さまざまなことが起こり得るのですね。この時はまだ泉の火の見櫓が活躍したはずです。現在の県道側に移ったのは、昭和末期頃だったでしょうか。

20　歌人・小泉一郎さん

短歌を作る人が歌人、俳句を作る人が俳人。日本にはこうした文学好きが多いから、歌人や俳人は各所にいますね。沼南でも然りですが、ここでは泉の歌人・小泉一郎さんを紹介しましょう。

小泉さんは、泉の旧家、小泉五右衛門家の儀一郎氏の長男に生まれました（大正十年ごろか）。第二次大戦に応召され、帰国後は家業の農業を嗣ぎ、応召帰りの若者壮士達で結ぶ民主倶楽部（泉の在住者が会員）の有力メンバーとして活躍する反面、歌作にも精を出していました。

歌は逆井（柏市）の館山一子先生に師事。アララギ派を受ける作風といいますが、小泉さんの作品は、農民の困窮した生活や仕事のつらさを素直に歌ったので、暗く重い作品が多いのは必然でした。

ただし本人は至って勤勉実直・勤労励行、どんな業務もこなされました。寺では一度、大門通りの茶園剪定を頼んだ所、「これは初めてだ」とボヤきながら、案外キレイに仕上げてくれました。

昭和四十年ごろからは坐禅に打込み、毎晩欠かさず自転車で通いつめ、ほぼ十年は継続されましたが、時には長男の清始君を帯同させました。またその頃から「寺の会」を主宰し、禅談や時事評論などを交換し、相互の共用知識と造詣を高め合いました。当時のメンバーには、氏のほかに染谷一弘・石原操・杉野常雄・石井庄衛・染谷勝彦（鷲野谷）と多彩でした。

氏は昭和四十年ごろ、まだ小さなお子さんを残して、四十代で物故されました。後に有縁の有志が氏の歌碑を二十三夜堂の境内に建てました。私としては寺の境内に建てて貰いたかったのですが、生家に近い三夜堂の境内になったのは残念です。物事は何でも希望や思い通りにはならないものですね。

ここに小泉さんを偲んで、昔『泉の光』第二号に掲載した「水害」と題する短歌五首を載せておきましょう。

水　害

ひたひたと波土手の上に水迫り
　ふる雨あしが真白に煙る

濁水の中にこくこく沈みゆく
　稲穂みつめてわれ等はたてり

泥土や土俵にたもつ堤防も
　明日は崩れむと稲刈りいそぐ

かろうじて排水機械を舟に乗せ
　われは見守る水魔のたけり

孤独なる思ひしばしば秋を澄む
　脳裏にわきては身をゆするなり

21　江口仁三郎翁の功績

宏雄の俗姓は椎名ですが、沼南町で血縁や親戚は皆無です。イヤ、肉親でない親戚が唯一戸だけありました。それが江口仁三郎家です。一体、どんなご縁なのでしょうか。

仁三郎翁は昭和四十年の物故でしたが、通常の親戚以上の親しい関係で濃交の方でした。それは次の理由からであります。

仁三郎翁の生家は、柏市五條谷の飛井家で明治二十五年ごろの出生。時あたかも宏雄の祖父大由は、田中村（現柏市）花野井大洞院の住職として、近在の者に漢学や書道等を教えていました。地元花野井村の者が最多で、遠くは大室村、布施村、我孫子町の者が多く、十数ヵ町村から数十名の学生だった。その中の一人に飛井仁三郎がいました。

仁三郎氏は、連日五條谷から大洞院まで自転車で乗り付け、炊事・掃除・洗濯と、現代のヘルパーさんで、また懸命に学修をするマジメ一筋の青年でした。近在の店への使い走りや、薪を割って燃料作りもしたといいます。お酒は少々。

大由住職は、やがて縁あって明治四十五年に泉村龍泉院へ転住。家族は妻つねと男子三名(正雄・好雄・祐信)。この和尚はもと備前（広島県）福山の出身で、我孫子町興陽寺で出家。明治期には東京九段下の二松学舎大学を卒業し、京都に遊学。著名な学者の塾生となり仏教学全般に通暁していたので、当時の我孫子界隈では有数の学者であった。

時に泉村では、旧家で豪農の江口家（七郎左衛門）があり、当主七の父弥七郎は隠居所（場所は現江口桂子氏宅）住い。この隠居の後継者を探していた。そこで江口家とは昵懇であった大由が仁三郎氏を推し、ここに婿入りした。嫁は弥七郎の娘某。故に世間は当家を「七郎左衛門隠居」と呼んだ。とまれ、この時以来、この家と大由とは親戚の交りを結んだのである。だから仁三郎氏の龍泉院への親交は、前にも増して濃くなった。

宏雄が生れた東京高田馬場の家（淀橋区戸塚町三丁目）には仁三郎氏の写真が沢山あったが、いかに氏が東京まで足しげく通っていたかを物語っている。後に宏雄の父正雄が急逝した時（昭和二十七年四月、於日大駿河台病院）、椎名家の親戚中に急報すべく、神田郵便局から氏が急報してくれた事も、到底忘れる事はできない。

仁三郎氏は、その人柄から泉では絶大な信頼を集めていたが、役職などは謙遜してほとんど辞退していたのに晩年は止むを得ず寺社の総代を短期努めて、各実績を残した。寺は小さな事が多かったが、神社は本殿を銅板に屋根替を行った。神社の本殿は地味な造りながら茅葺きの厚みは豪快で優に二尺以上あったから野地替えは大変だったはず。当時でも何百万か何千万を要したであろう。あの寄進額は本殿西側に掛かっていたが、すでに風化。しかしその寄進帳はどこかに残っているだろう。私は今もあの屋根を見る毎に、仁三郎翁の労苦を偲ばずにはいられない。立派な方であった。

ただ　わが身をも心をも
はなち　わすれて
仏の家に　なげいれて
仏のかたより　おこなはれて
これにしたがひ　もてゆくとき
ちからをも　いれず
こころをも　つひやさずして
生死をはなれ　仏となる
また　ほかに
たづねること　なかれ

（道元禅師『正法眼蔵』生死）

22 地区の小神田

沼南には、田んぼのある地区（全部か）には「神田」という公有地があり、そこから取った初穂をムラの鎮守さまに奉納する風習がありました。

泉の場合は、七郎兵衛さんの下の田んぼ（小字トリウチ？）で、元トウフ屋さんの前あたりの場所にそれがあり、小さな鳥居が立っていました。新穂を刈り取るのはなぜか大人ではなく、学校の生徒で、脱穀して白米にするのも生徒でした。要するに、神田の稲は田植えから収穫までは生徒の仕事だったのです。だから、この神田を大切にするのは申すまでもなく、その管理にも気をくばります。

所がこの神田での災難事故が発生しました。それはまだ数年前の冬、区内の落合登さんの奥さんがここに落ち、厳寒の水に溺れて水死したのです。その後、ここからの初穂採取は取止めとなり、田んぼは付近の作人が耕作するようになりました。痛ましく残念なことですね。

23　おなばと泉青年館

「おなば」はもちろん、「泉の青年館」といっても、どこにあったどんな建物か知らない若者が増えています。ましてや、それがどんないきさつで出来たのか、どんな問題があったのか知らない人は増えるばかり。それでは困るのです。

昭和末期ごろから、全国的な「バブル景気」で経済界は未曾有の活況を呈し、各自治体では地域住民の集会所や催物の会場などを、競うが如く立派に建立しました。むろん昔から著名だった城下町や宿場町は当然ながら、単なる無名の農山村でも、例外なく「バスに乗り遅れるな」の勢で建立ブームとなったのです。

沼南の各地でも、地区の公民館・公会堂の類が沢山造られ「○○青年館」「○○センター」の名前で、地区の公民館・公会堂の類が沢山造られました。個人住宅の新改造もこれに拍車をかけていました。ただし、公共物件は規模が大きく、当然建築費が嵩(かさ)みます。

そこで当然に財源が問題となりますが、通常は不要で売却可能な土地（四辺(しべ)など）や農地改革の嵐を免れた寺社の地所がある地区では、それらの一部を売却して資金を得、ない地区では止むを得ず住民から寄附金を募りました。土地はいくらでも売れた頃でした。

泉の場合は、思えばラッキーでした。手賀沼の中に「オナバ」と称する字所有者不用の地所があったからです。沼でも田んぼでもない荒地で、ここを売却すべく関係者は苦労をした結果、事業者との間に四七〇〇万円という、当時としては破格の巨費で売買契約が成り、これを財源にできたのです。

「オナバ」とは「大なわばり（大縄張り）」の訛で、元々は沼の開拓当時に決めた泉村の所有区画でした。何百年も昔からの境界でした。

以後、区では専門の設計士との間に設計や会合・協議を頻繁に重ね、建物の立地・規模・内容を検討し、立地は寺の境内という声も一部あったものの、区全体の中央により近い鎮守の境内と決定。ここに生えていた地区一番の大椎（周囲二メートル以上か）を伐採しました。

規模・内容も異論百出でしたが、結果的に一階は大広間付の和室、二階が会議室を主とした洋間、厨房、手洗等も入れ、多くの用途に各階が適応可能となりました。時の区長は石井大太郎氏で、最も大変でした。

かくして多くの夢と希望を乗せて、約一年後には無事竣工。そのコケラ落しの第一号催しは、故江口一男氏夫妻の結婚式でした。私は親戚代表として招かれたスピーチに、徳川将軍は三代で幕府の礎が定まった、私も大由から椎名の三代目、江口家も仁三郎―正男―一男の三代目だから共に頑張ろうと述べて喝采をあびた。

所が人生は無常なり。何たることか。あの人一倍立派な体格の持主であった一男君は、その後まだ五十歳の若さで急逝。人の生涯は分からぬものよ。

三　龍泉院の歴史

1　泉から龍の出現

「禅寺は龍の字が付くお寺が多いですね？」

「その通り。龍は中国での想像上の動物だが、空に登り雲を起し雨を呼ぶ特別にすぐれた能力があることから、めでたい動物として珍重され尊ばれるんだ。これがインドで発生・発達したジャーナ＝禅師のいう悟りという超能力と結びついて、禅寺は龍が付く寺が多いんだ。」

「龍泉院の場合は？」

「ええ、伝承によれば、鎌倉時代に木更津市真里谷真如寺第六世の量指長英さまが、下総泉郷の長妻伝右衛門の宅地内に酒を含んだ泉を発見し、ここから天龍が現出したので、これをおし戴き衣の袖に包んで寺に持ち帰り読経して寺宝として霊宝とした」という。現在、寺にはこの霊宝龍神が祀られているし、長妻家には龍の出現した池の跡が残っており、

寺宝龍神と厨子の箱書き

（1983年2月16日）

量指さまの古位牌も祀られている。私は皆この目で確認している。

長英さまは真如寺に墓塔も位牌もあり、龍泉院での遷化（せんげ）は弘治元年（一五五五）十月二十四日で、古い木像も祀られています。また、霊宝とした龍神を祀っている粗末なお厨子にも、その由緒が書かれており、何重にも包まれた箱の中にご神体は納入され、これを仮りに開けると罰で目が潰れると伝えられてますよ。どこでも秘物や秘宝は、そのように大切に護持されてきたのでありましょう。それをけっして蔑（ないがし）ろにしてはなりませんね。ともあれ、龍泉院の名称の由来は分かりましたね。」

2　板碑類よ

板碑（いたび）は、「板石塔婆（いたいしとうば）」ともいい、全国的には関東に特に多い造形物とされている。形は要するに札状の石であり、ほとんどが緑泥片岩（りょくでいへんがん）から成る供養塔である。札状の表には戒名などが彫られており、その周辺には施主の宗派などにより、名号・仏像・年月日などが様々な意匠により掘りつけられている。

こうした刻石内容の相違により、碑石には、さまざまな名称がつけられているが、最も大きな特徴は、ほぼすべてが中世鎌倉から室町期までの造立であり、近世以後の物はまず皆無の物質であるから、当然時代的に大きな史資料となるわけである。

沼南は、この板碑の宝庫といわれる。それは、近隣の自治体と数量と内容を比較すれば一目瞭然である。既に発見・公表された板碑の数量は、町単位としては有数であり、それだけ中世における宗教文化が豊かであったことを物語っているのであろう。

龍泉院に現存する板碑はさほど多くはないが、それでも数点を数える。就中（とりわけ）、年号の判明する物は、延徳（えんとく）（一四九〇年代）とその他二基であり、延徳のものは県の資料集の中にも載せられている。

延徳板碑は、昔の寺の鐘楼跡から出土したもの、他の二基は他家から奉納されたものです。両家とも、自分の後の代になったらこれは必ず亡失されるのだからお寺へ上げておきたいといっての奇特な奉納でした。特に貴重な中世の遺品ですから、みな大切に大切に保存してゆくつもりです。寺の宝蔵は、寺に伝わる古来の什宝を保存するためと、檀信徒などの近親者からの奉納・供養されたものの収蔵という両面の機能と目的を持っているのですね。だから必要なのですよ。

3　山門の土手

当寺の山門の外側には、参道に沿って二列の短い土手が作られている。その上部には、秋には彼岸花、その後にはチャボの山茶花（アザレアか？）が赤い色どりを添え、中々風情のある景観を作ります。花は宏雄代の駐車場作成時に植えましたが、そもそも二列の土手はいつごろからあったものでしょうか。昔は松の植木などもあり、私は木の上に乗って遊んだ事もありました。

記録によれば、苦心して昔の本堂を再興した中興幽谷機雄代に大門通りを作ったとあり、これは寛永年間ですから、およそ四百年も経っている訳です。また、再中興の第十五代象山湛龍代にも、境内を大巾に改造し、また造林をなし、参道巾を三間五尺（現状と一致）に定めたと記録していますから、それからでも約三百年は経っています。

すでに伐採した大杉の喬木などから推せば、この両説のうちでは、、十五世象山和尚代の方が現実味を帯びていますから、約三百年以前の土手創立とみてよいでしょう。それでもすごく古い作りが現在まだ生きているわけですね。高さは低くなっているでしょうが。

なお、三間五尺巾の大門通りについては、昭和三十年代の泉区評議委員会が寺で開かれた時、参考に右の古記録を宏雄が縷々説明したところ、満場これを納得し今後参道を守るべきことを決議したことがあった。重要な事項は必ず記録するにしかず、であります。

4　カヤの木は残った

平幹二郎出演のNHK大河ドラマで「モミの木は残った」という放映があったのは、もう三十年も昔になりましょうか。あれは『実録先代萩』という江戸初期の伊達家仙台藩のお家騒動を基にドラマ化した傑作でした。

龍泉院の場合は、『沼南町の宗教文化論集』の口絵写真（石井庄衛氏撮影）にも掲載させて貰いましたが、稲荷堂の背後に立派な樹容を見せている樹齢約三百年の榧の古木であります。カヤはイチイ科の常緑喬木で、葉先が細長く尖っているのが特徴です。柏近辺では、我孫子市東源寺に県文指定の巨木があり、これはちょっとした見物です。

龍泉院のものは、あの附近にごうごうと聳えていた杉の並木が、戦後の昭和二十三年に六三制が施かれ、地元で小学校・中学校を建立せねばならなくなった際に、泉区では三十六万円の負担金となり、その捻出に神社の木を斬るのは勿体ないとし、寺の樹木に目をつけて、あの杉並木を斬り売却して負担したのです。これもどこかに資料が残っている事でしょう。事は過ぎると人心は忘れ去られるものですが、ともかくも寺は大きな犠牲を払ったわけです。しかし、その中で売れない雑木の「カヤ」一本が残されました。

今では附近の大樹が、みな供出や台風被害などで伐採されてしまったので、この「カヤ」は昔の樹木の中ではシンボル的な存在になりました。今後の成育が楽しみです。大切に大切に育成保護しなければなりません。なお、拙著『沼南の宗教文化誌』の口絵に納経塔と共に写真が映っていますが、今はもうチョッピリ太くなっています。樹勢は旺盛です。

5　今は幻の大梵鐘

昭和五十七年三月、現在の本堂が竣工して引渡しとなった際、建設委員長として精魂を尽くされた長妻量平さんは、「この次は鐘楼堂だな」と、何度も人に語っておられました。それほど戦時中に〝供出〟という形で国に没収された梵鐘を惜しみ、何とか復活させたいという望みが、人一倍強かったからです。

その理由は、旧鐘楼に下げられていた梵鐘こそは、かつて安永の昔、泉村の名主であった染谷平兵衛家（現当主仁氏）と当の長妻家（元・権兵衛）の両家が願主となって浄財を募り奉納したものであったからです。その奉加帳も残されてはなく、ただの伝承だけではあります。だから、この旧鐘楼の梵鐘も何時、何名によって奉納されたかは、残念ながら不詳なのです。

ただ、昭和十八年に供出させられた時、住職の第三十世正雄は、総代などの役員を集めて供出供養の法要を行いました。その法要の法語が幸いにも残存していて、その中に「二百年」の数字が出ています。これによって、昭和十八年から約二百年前ごろの鋳造品であったことが推定されます。今からだと約三百年前です。残っていればと惜しまれてなりませんね。実は、私は子どもの頃から何度となくこの鐘を撞いたことがあるので、とても忘れることなどできません。

さて、供出された鐘はどうなったのでしょう。それは、翌昭和十九年ごろまでは村中から集めた多くの梵鐘類と共に、手賀中学校の片隅（南西）に無造作に置かれ、その中では龍泉院のものが最大でした。ところが村の中心部ということで柳戸弘誓院のものだけが残された（のちに県道沿いの役場前に掛けられていたが現在は弘誓院に戻って現存する）が、他はいつしか忽然として全部姿を消した。

私はそういった状況を目の当たりにしていなが

ら、当時は小学校五・六年生の子供であり、拓本をとるどころか、紙に書き写しておくなども思い至らず、何も記録していない。

先住正雄は、後に供出鐘が群馬県足尾銅山に残存していると聞き、現地まで足を運び調査したが、徒労に終わったという。そんな苦労をするならば、なぜ当山に下っていた間に記録を留めておかなかったのだろうか。

梵鐘は単に撞つ音響の功徳だけでなく、一般に寺の歴史や由緒などの重要事項が彫りつけられていて、地方や寺院の資料室庫なのである。以前、東京高輪泉岳寺の梵鐘がオーストリアウィーンの国立施設から発見されたというニュースがあったが、その後どうなったであろうか。実は私が泉岳寺にお世話になっていた学生の頃、この鐘も何度か撞いた事があるのです。ともあれ、当山としては既に失われた多くの金石資料中、当該の梵鐘は最大の遺恨の極みである。まだ、どこかに残されていないであろうか。

6　亡くしものが出るお稲荷さん

人は誰でもウッカリ亡くし物をしますね。そんな時、皆さんはどうしていますか。熱心にお参りすれば紛失物がすぐ出てくる。こんな神様が龍泉院には山門の側に祀られていて信仰を集めています。その名はなんと愛敬稲荷!!

このお堂は、寛政二年（一七九〇）に十九世天外泰仙和尚が、故郷（浜松）に近い三河の豊川稲荷を迎えて、当山の古稲荷と収合して「愛敬稲荷」として祀ったことが、古い勧請札で知られます。

天外和尚はまた旧山門の建立者でもあって、当山では大変な功労を上げた方です。このお稲荷さんは、慶応二年に京都から正式な官位を受け、大正三年に建物を再建。更に老朽化したのを平成二十八年に住職と檀信徒が再々建しました。右の官位状も現存しています。

お稲荷さんと一緒の頃の妙見さま
（1983年8月12日）

お堂には別に「妙見さま」も祀られています。これは当山がむかし相馬氏によって創建され、その相馬氏の守り本尊という縁故から合祀されたものです。多分、当山はお稲荷さんよりも妙見さまの方が古い歴史と伝統を持っていると思われます。泉区内では、妙見さまは他に妙見社の本尊様があるだけの、大変珍しい仏さまであり、多分この仏さまも昔、天外さまが合祀したものと思量されます。

なお、本項についいては記憶だけで書きましたが、すでに拙著『沼南町の宗教文化誌』四―17でも紹介していました。併せてご覧いただければ幸甚に存じます。

7 空前の大授戒会

我が曹洞宗の千葉県では、他の都道府県のように、授戒会の行事が度々行われることがありませんでした。ただ平成初年には、全国的な総授戒会運動の一環として、鴨川市永明寺を戒場に、永平寺貫首・秦慧玉禅師を戒師に迎え、久しぶりのお授戒が行われました。またその後、平成初年に柏市長全寺を会場に大雄山最乗寺住職余語翠巌老師の戒師のもとで授戒が行われ、近年では漸く無戒県の汚名を脱しています。

ですが、永明寺授戒の前には、龍泉院を戒場に四百八十八名の戒弟を集めて行われた授戒が語り草になっていたほどの無戒地帯だったのです。尤もこの時の授戒では大由和尚の結制も同時に行っています。

大正五年の授戒会・結制については、二十九世大由が詳しい内容を記録した記録帳を残していますから、これでほぼ十分であろうと思う。ただし、これだけの戒弟をどのように勧募して集めたのか、四八八名は五日間どこに宿泊したのか、戒金はいくらかかったのか、こういった方面の記録はみられない。察するに、沢山あった文書を整理した際に、特に関心の強い部分だけを纏めたから、こうなったのであろう。

しかしながら、鴨川授戒まで約九十年間も、県内三百三十か寺以上の中で授戒会がなく、寺院や檀家の語り草になっていたのは、思えばすごい事であった。

この時の戒師さまは、總持寺を能登から鶴見に移東された時の監院として苦労された、米子市総泉寺住職長谷川天頴老師であった。そして長谷川老師招聘で苦労されたのは、その法嗣・谷内流芳（当時は我孫子市日秀観音寺住職）であった。この法系は、長谷川天頴―谷内流芳―椎名宏雄であり、私はまだ何も詳しい記事を纏めておらず、慙愧に耐えない。当山の参禅会で五回の在家得度式を行ったのは、そのせめてもの罪滅ぼしでもある。むろん授戒会と得度式では内容が違うが、受ける方は同じ人間。問題は内容である。

8　仏具類がゴッソリと

賽銭ドロボウならまだしも、本堂内の重要な仏具類がゴッソリと盗まれ、困り果てたことがあります。それは昭和二十七年十一月の夜でした。先住の正雄代であり、折しも大戦後の大混乱時代こそ終わったものの、国内ではこぞって金属類に困り、いわゆる「金偏ブーム」といわれたころの出来事でした。世間では、よく電線が切断されて持ち去られた事件が話題になっていた頃です。

　朝早く正雄が本堂で「おつとめ」をしようとした処、何と主たる仏具類が残らず盗まれていたのです。須弥壇の燭台二対、大間中央の磬子大小、暖房用の真鍮火鉢二箇、その他。火鉢の灰は大間の畳上にぶちまけて、須弥巻が二本引き裂かれていたのは、これで仏具類を包んでいったとみられます。

　これでは「おつとめ」も法要もできません。困った住職は早速総代四名を招集して一会合。金偏ブームで仏具も高価だったのですが、主たる檀家に寄附金を依頼し、比較的近日中に調達しました。この年は正雄の妻トキが八月末に死亡したこともあり、正雄が「今年は最悪の年だ」と歎いていたのを覚えています。

　なお、この時に補填した仏具類はなおしばらく使用されていましたが、昭和五十七年に現本堂が改築された際の宏雄代に、みな新しく再調されました。この事件は、当寺における過去最大の盗難事件でした。

　ただし有難いことに、盗難に遭った古い仏具類の中には、例の明治六年の『当院常在宝簿』の中にちゃんと記帳されているものもあり、これでいつ誰が奉納してくれた何々だと判然と分かるので、やはり寺社などの什宝については、どこかにきちんと記録しておくべきことを思い知らされました。『常住宝簿』を作成した二十七世浄心和尚に感謝です。

9　弟は私が殺したの

　昔になるが、忘れもしない昭和二十七年の春、K家で亡母の十三回忌を営んだ時の事。その亡母は生前〝煎餅業〟を営む夫を助けて大変な働き者でした。お子さんも多く、法事には男女八名のお子さんが集まりました。法要後の法話で私は亡母を讃えた因みに、あの方はまた大変な信心家で、毎年五月〇日には昔亡くした赤ちゃんの塔婆を立てて供養していたこと、私はその日も戒名も覚えていて、そのお子さんについて聞くと、決って「この子は不憫な子だったので」としか語らなかった、等をお話しした。

その日の夕刻、もう後席も終わった長女の方Mさんが端身来山し、玄関でワッと泣き伏した。当方が驚き「一体どうしたの？」と聞くや、彼女は今日聞いた「不憫な子」は私の弟で私が殺したのです、と言いまた泣き伏した。改めて聞くと、自分が三歳の時生まれた弟が寝ている上にうっかり座り弟を窒息させ、当時は終戦直後の混乱期なので医師に頼み病死として貰ったが自分には分かっていた。だから「弟を殺したのは私なのです」と号泣した。私も真相を初めて知り驚いたが、今年夏のお施餓鬼には特にお塔婆を立て供養すること、今後は機会ある毎にお参りをすれば仏さんが救ってくれ、弟さんも亡母も貴女も浮かばれると話して喜ばれたことがある。

あのMさんはまだ八〇代だから健在であろう。お墓参りは続けているだろうか、などと考える事もある。寺は様々な事例があるところであり、私は善言化道が下手だったのを悔やんでいる。

10　幕末の風呂場と井戸

幕末に建てられた風呂場は、昭和四十五年頃まで余命を保っていた。現在の井戸館の南側にあったが、元洗濯場を建てたときに解体した。風呂場は二間四方ほどの大きさであり、昔は施餓鬼会などに遠方から来山した他寺のご住職をこの風呂に入れて接待した。

どこの寺院でも同様だったそうである。龍泉院で、宏雄が接待したのは、関宿の浄禅寺・金龍院、花野井の大洞院、我孫子の山高敬信師などである。皆自転車でご随喜され、真夏に汗だくだったからである。昔の作りのままで、暑ければ水を持参し、ぬるければ火力を強くした。水は北側の井戸からで、釣瓶でくみ、バケツで運んだ。

叔父の祐信（ゆうしん）は昭和四十年頃まではよく来山したが、来るとこの風呂に喜んで入り、宏雄はいつも背中を流してさしあげた。妻瑞恵（みずえ）が嫁してきた（昭和四十二年四月）直後、都会からの友人が何度か宿泊したが、この古い風呂に入って喜んでいた。解体した時は、確かどこかに「嘉永」の文字が書かれていたから、この風呂館は当時でも、おそらく百年以上の歴史を経ていたのであろう。ちなみに、この時分の農家の風呂は、大体母屋の中の一部に設けられていて、独立した風呂館（やかた）を持っている家は、極く稀であったから、思えば寺は名主並で有難かったのだ。

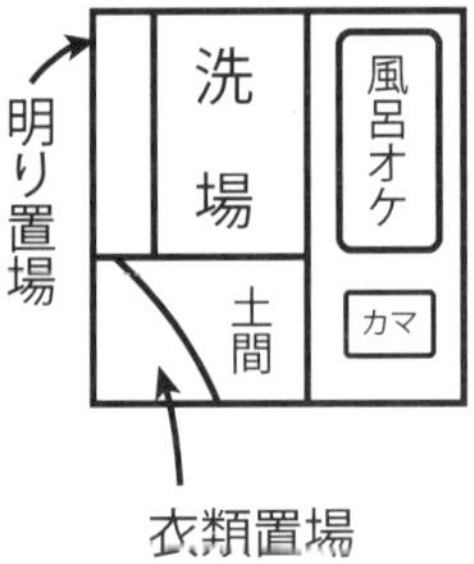

11　不動堂が燃えている!!

寺の北側低部を通る県道（柏―印西線）の北側に屋敷がある紺屋（こうや）さん（昔から寺の隣家の一軒、現当主池田定氏）の元女主人であった染谷とり老女（既に故人）は、県道の西側高台にあたる小田原（こうたはら）に畑があり、そこから自分の家はよく見下せるところでした。

ある日、畑作業の最中、我が家からモウモウと上がる煙を見て、「アッ、私の家が燃えている！」足がすくんで立てなくなったそうです。実は、それは西隣の龍泉院不動堂の庫裡だったのに、自分の家だと思い、ヘタヘタと座り込んだ心境は分かりますね。その時、不動堂に住んでいたのは、柳戸（やなど）地区の座間某氏で、火災は氏の失火でした。

そもそもこの不動堂は、寺の第二十七世浄心和尚が、明治元年（一八六七）に越後新発田（しばた）の有名な

不動堂の後で今なお健在の天神堂（1981年2月）

菅谷山の不動尊をお勧請し、後にその分身として祀ったものであり、眼病に特効霊験ありとし、近在からお参りの人が絶えず、小高い地形ながら灯籠・唐獅子・手水鉢・石段などが逐次に奉納され、遠方から参詣者も増えて栄えました。然し、県道開通後は枯水して衰えたのです。宏雄は建物を平成十年（一九九八）に復活しましたが、機が熟しませんでした。背後の天神堂は早く改築しましたが。

しかし現在では寺の本堂内で例年正月二十八日に初不動供養を行うまでになっています。また、旧堂宇も平成中に改築しましたが、その際に焼失した座間某氏の親戚に当たる石井与兵衛さん老女（現当主石井洋子氏の母親）が多大の寄進をしてくれました。ありがたい仏縁であります。平成二十一年には新発田の菅谷山（口絵）へもお礼参りをしてきました。なお拙稿『沼南の宗教文化誌』三―13も合わせてご覧くだされば幸甚です。

（見、師に斉しければ師の半徳を減ず。見、師に過ぎて、方めて伝授するに堪ゆ。……百丈懐海）

12　二軒だけの開山忌

九月二十九日は、わが宗祖さま（道元禅師と瑩山禅師）の共通するご命日（お亡くなりになった日）に当りますから、全国の宗門寺院（約一万五千か寺）では、みな報恩供養の法要を営んでいます。大本山の永平寺や總持寺では、それぞれ七日ずつの法要を行い、全国から有徳の方々が参加して報恩の香を焚いて弔辞を宣べる大行事が行修されます。

龍泉院ではこの日、道元さまのお像と位牌の前に華燭を供え、昔からの恒例による二軒の檀家さん（長妻権兵衛家・石井金左衛門家）だけが列席して法要を行っています。両家では、新米とお賽銭をお供えします。昔はこれを前日の二十八日夕方に法要を行い、両家では特に大きなお餅（二升餅以上）を上げ、

2 軒では旧本堂解体前の開山堂時代から（小浦昭一郎氏撮影）（1980 年 10 月 15 日）

寺では酒肴の接待をし、帰りにはお餅一箇ずつをお土産にする風習でした。これは永年続いたようですが、二十九世正雄(しょうゆう)が死亡した昭和二十八年以後は中絶していました。

　そこで淋しくなっていたのを、宏雄代の昭和四十年頃から復活し、お餅は止めて新米と法要だけとし、日も正規の二十九日とし、今日に到っています。ただし、この日にはお寺の実際の開山様である量指長英様へのご供養も一緒に行っています。

　でも、なぜこの二軒だけで行ってきたのでしょうか。これは記録もなく、不詳です。それだけ古い慣習といえば簡単ですが、思うに、権兵衛家は泉村の同姓（十軒ほど）の総本家であり、もと組頭もつとめた有力者であり、金左衛門家は泉村で数十軒もある石井姓の中では有数の旧家で、旧開山松のそばに墓所がある家。また、両家とも開山像の修復には大金を寄捨している。要するに、この両家は寺の草創期から最重要な役割を果たした旧家と考えられる。

　ちなみに、昔この開山松について詠じた珍しい地元の方の詩をご披露しておきます。作者は十年ほど前に物故された泉の吉岡佐兵衛さんで、典拠は稀覯(きこう)の『泉の光』第三号です。

開山松　　　吉岡佐兵衛

一、嗚呼(ああ)　開山松よ
　大自然のもとしっかりと
　根を大地に落つけ　祖先の霊を見守る
　御身(おんみ)の忍耐は偉大なり　此の村の種々な
　出来事善悪　総てを知って居る
　而(しか)も何時も　黙々として見ている
　尊き姿
二、嗚呼　開山松よ
　村一番年長なのに
　悠然として　祖先の霊を見守る
　御身の忍耐は偉大なもの　風雪　暑
　苦と斗(たたか)ふ　四百有余年

その威容は　愈々加はって
子孫の繁栄を　祈るかに見える
尊き姿

（一九五〇年一月十二日）

ところで、この開山忌という行事はどこの宗派でも重要な行事とされているのですが、当山では右の二軒だけが参列するだけの淋しさです。近い将来、これを大勢の檀信徒が来てくれるような妙案はないでしょうか。私は以前から考えていたのですが、お彼岸の直後という時期的なこともあって、仲々妙案が浮かびませんでした。妙案ならずと凡案でも結構ですから、何か思いつきのある方は、ぜひお寺に考えを寄せて下さい。なお開山松の写真は口絵参照。

13　龍泉竹径

南宋の都、杭州のそばにある天下の名勝「西湖」は、白楽天や黄山谷が唐宋代に居住し、数々の名勝を残した第一級の景勝地。その南方何キロかには、明代の禅匠雲棲和尚が住して残した天下の名竹林「雲棲竹径」がある。私は二度訪れているが、二度とも息を呑むような美しさに心を奪われている。

一方、龍泉院の南西に延びる竹林（真竹）を参禅会員の有志方が二間巾ほどの道をつけて下さったのを、「龍泉竹径」と名づけたのは、これに由来する。「径」とは小道の意味。

元々この場所は寺の山林であったが、明治末年に畑地に開墾して小作人に貸し与えた。ただし、周囲の部分だけは山林のまま残したが、その最南部約一反部が当該の竹林である。第二次大戦後に畑地は政府に買われたが、この竹林部分は残され、たまたま自分の土地と誤った石井永氏が松苗を植えつけた。

植えられた木は育つ。いつしか二メートルほどになってから、石井氏は誤りに気づいてこれを伐採した。そこに東側の寺有地の真竹が伸長して、大真竹山を形成してしまった。この中間に道を付けたのが「竹径」というわけである。

もしも将来、この大真竹山を斬り広げることがあれば、それこそ田んぼを眼下にして中台原まで見渡せる、すばらしい景観が再現するのであるが、それは大工事である。

14　社会福祉の珠算塾

当山三十一世大心宏雄の妻・瑞恵はもと三井銀行員で、日本珠算連盟の一級資格を持っていた。だから龍泉院に嫁した昭和四十二年四月三日の翌日から珠算教授の申し込みがあり、その後も申し込み者（近所の子供）は後を絶たず、学び室の塾は自然に拡大していった。

やがて児童達が検定試験を受けたり、競技大会に出席する必要から、「泉珠算塾」の名で連盟に登録したのは同年六月であり、活動の開始となった。

会場も初期は本堂の東側であったが、手狭となり、十年を経た昭和五十五年ごろには遂に庫裡の裏側に二階建ての一棟を新築（棟梁は石井孫氏）し、一階に広い教場を設けた。この教場が五十七年の本堂落慶・宏雄結制の際に寺院の控室に依用され、後日の観音堂改築の際は参禅会場として役に立った。児童数も新築時には既に八十名～百名に垂んとしてた。

児童達は午前中に学校を引けてから弁当持参で来山する者が多く、両親がトラック車に乗せて集団参加するケースも多く、帰りは遠隔の子（岩井・鷲野谷・若白毛・箕輪・五條谷・大井・柳戸・片山など）はバスで帰るが、本数がなくなり、我々両名が乗用車で送り届けた事も多い。教授料は他の塾より安かった割に検定試験や各大会の入選者が多かった為、他の塾から羨望されたり、学校教員から謝礼をいわれた事もあるが、最も喜んだのは父兄で、親たちが外部で働いている間、子供を寺であずかって貰って有難いとの言辞であった。

既に塾を閉じて半世紀、もはや孫のいる者もあるし、かつての盛塾は当時の多くの盃やカップや賞状が物語るが、思えば当山では児童を対象とした地域の社会福祉を営んでいたといってよい。なお妻瑞恵は、昔東北旅行の際に川釣りの少女が孤児である事を知り、今日に至るまで物品を送るなどの援助を継続している。

15　焙炉（ほいろ）に消えた古文書

お茶は、平安時代末期に臨済宗の開祖栄西（えいさい）が日本に伝えたのが最初であるが、今やなくてはならない風味の飲料である。その茶の原木（げんぼく）は国内至る所にあり、静岡の専売特許ではない。沼南各地でも自家製のお茶があった。

わが寺では、むかしは庫裡の茶の間に高い棚があり、ここにいつも高さ三尺もの大きな茶管が載せられてあり、来客により一年分を小出しにする為の「煎茶（せんちゃ）」「番茶」等の大張紙が付いていた。

二十九世大由は、関東諸方で仏教・漢学の講義をしながら妻と三男子を養育し、檀務にも余念がなかった。その多忙の中で寺の境内に多くの茶園を栽培することにも力を注いだ。参道の両側が最も多く、裏参道がこれに次ぎ、その他余地ある毎に茶の種子（たね）を蒔き、境内中何百の茶園を作った。今日はすでに撤去などで少なくなったが、まだ大由手植えの茶が何珠か残存している。

茶は五月に摘（つ）まねばならぬ。これまた大変な作業で、大きなザルに何ばいも摘み、蒸（ふ）かしてから焙炉（ほいろ）にかける。焙炉とは、茶を手で揉（も）んで乾燥させる乾燥炉であり、普通は一間×三尺もの大きな入れ物で、不要の和紙を何百枚も張って作る。だから昔の古文書は大部分焙炉に消えたのである。

当山にも大きな焙炉があったのを、私宏雄は実見している。当時は製法も無知であったが、今思えばあそこに寺の古文書類がどれだけ用いられ、したがって消え失せたかと思うと、複雑な思いに駆られる。が、しかしそれでもまだ一千点以上の古文書が残っているのは、なんという有難い事かと改めて思う。

以前、檀家某から貰った古障子一枚をていねいに剥がしたところ、白井（現白井市）の古文書が八十枚も出てきた。こんな所にも古文書はかくれているのである。おそらく旧家のお大尽から業者に流出したものの一部だったのであろう。

16　中台原の荒地よ

龍泉院には字中台原に山林を持っていることを、宏雄は初めは知らなかった。初めて知ったのは、石井孝吉総代さんが山掃除の折に話された時だったろう。でも実見したのはもっと後であった。平成の末ごろであったか。

石井さんに連れられて、ずっと裏の田んぼを渡り、

向寺から中台原方面（1982 年 1 月 9 日）

初めて現地を踏んだが、ただ草ぼうぼうの荒地に栗の木などと一緒に雑木が繁っているだけだった。』の形で「そこが一反五畝あるんですよ」といわれても、ピンとは来なかった。更にその先の畑地をずっと隔てた西側の細長い荒れ地を指して「ここに七畝十歩あり、寺の土地です」といわれても、実感がわかなかった。

後にこの二筆は、ともに戦後の農地改革の時に、開放から残されたと知ったが、さもありなんと思うだけであった。周囲はみな美畑なのにこの二筆だけは荒れ地だから残されたのだと知った。中台原は後に「緑・農・住」計画などで一時は開発の気配もあったが、中止となり現在に至っている。だが開発も善し悪しであって、現況の荒地のままでは良い訳が無い。

中台原全体は、昔は小田原と同じく広い丘状だったのであるが、平成初期に土取場に利用され、全体が低地に変ってしまった。今は昔の形状を知る者も稀となり残念至極である。寺には幸い、土取りの際に測量させた実測図二枚を保存している。「緑・農・住」計画図と共に。今後活用されればよいが、と思う。

17 土取場の拡大

この寺の周辺は、昔（昭和期）からすると大巾に地形が変り、その上部に立ち並ぶ伽藍もかなり変化した。これすべては私三十一世大心宏雄代の変化であり変貌である。しかし、地形の変化は決して意図的なものではなく、外面的な要望にこちらが対応したに過ぎない。

最も大きな変化は、寺の立地である字向寺の土地が、昭和末期の全国的な宅造ブームや工場の新設などにより、大巾に各地の土砂が採掘された事による。寺の裏山は、約一万坪以上の所有であったのが半減し、景観も著しく変貌した。大半は山林であったのが土取場と化し、または宅地（実際は荒地）になっ

県道から見た向寺（1975 年 8 月）

た。土取業者は穏健な鹿島商事で、トラブルなどはなかった。

　だから、県道から見上げた鬱蒼（うっそう）たる山林はウソのように消え去り、逆に昔は高台から眺望できた周辺の田んぼを隔てた山林群も、ほとんど遠くの低い山地に変ってしまった。

　思えば、こうした変貌は国内の至る処の現象であり、周辺の自治体を見ても、変っていないところを探すのが困難な状態である。でも、だからこそ昔の情況を懐かしんで、せめて残像だけでも記録しておきたいのだ。

18　大悲殿斎場

　もう大悲殿が盛んに斎場として使われていたのを覚えている方も少なくなりました。これは、昭和四十年ごろから、冠婚葬祭を街の専門会場で行うと非常に高価であり、そうかといって昔のように、お寺の本堂に柩（ひつぎ）一つだけを置く旧来の方法では粗末すぎるという時代の要請によって、自然に大悲殿を使用するようになったのです。

　ただし、それには自前の斎壇と、それを扱う人が必要となります。そこで、斎壇はお寺で購入し、扱う人は器用な鈴木夏五郎氏に依頼し、泉区内の檀家は使用一回につき五千円、非檀家の区外は同一万円の使用料と決めて、およそ十年間ほど続きました。

　ところが、鈴木氏が病死されてしまったので、その後は施主家の親戚の者に取扱って貰うことになり、斎壇を飾った大きな写真を渡して、これも十年

本堂も斎場になった（1985年1月9日）

ほど続きました。外部からの使用要請も結構多く、時には通夜に宿泊する施主もありました。ちなみに、使用料は住職宏雄が帳簿を付け、護持会々計に繰入れました。当時の帳簿は保管されてありますし、写真も残っています。

平成中頃からは世情も変り、催事を行う会場は諸方に作られ、しだいに私的なものは自然淘汰されました。これは全国的にもほぼ同様な経過をたどったようです。

でも、一時はお寺の山門頭を立派に飾り、寺が斎場そのものとなった時期があったことを忘れてはならないでしょう。またどんな時代が来るかは分からないのですから。ただし、当時の斎壇はもう処分され、残されていません。

19　「お母さん」と呼ばれて

地元の娘たちから「お母さん」と呼ばれ親しまれ

た三十世正雄の妻トキは、昭和二十七年八月二十七日、五十二歳の若さで生涯を閉じた。三十一世宏雄の慈母であり、龍泉院としても第二次大戦中から戦後の大混乱期に寺を守り抜いた烈女・貞女・賢女として、忘れられない女性であった。

　そのトキ女は、地元の娘たちから「お母さん」と呼ばれて親愛されていた。令和五年現在、トキに裁縫を習った教え子はまだ二人いる（石井とし子、亀島ゆき）。

　トキは明治三十四年元日、神奈川県厚木市棚沢の料理屋、遠藤家川口屋の娘として生まれた。大勢の家庭で、十人兄弟の中間位いだった。当時は川口屋の全盛時代で、八人の女中にかしずかれていたといわれ、いわば大家のお嬢さんだった。厚木の第二高等女学校への往復約八キロの道は、人力車通学であった。級友には、近所の人で後に幼稚園を創めた川上ヨリさんがいた。

　夫の正雄は当時日本大学に勤務する事務職であり、普段は東京・高田馬場（淀橋区戸塚町三丁目）に居住し、龍泉院へは寺務が出来ると帰山して努めていた。トキはこんな環境のところへ嫁したのであった。

　東京の家には当然母の親戚も出入りし、戦前は賑やかだった。特に横浜の林家とは二代続きの媒酌を努めたことから、特別に親しかった。

　トキは四人の子（男一、女三）に恵まれたが、東京の家には泉村の素封家（平兵衛・勘左衛門など）の娘たちが出入し、子供の養育などを手伝っていた。私も昔はお世話になった。

　しかし時代が進み、日露―日支―世界と大戦の暗雲がたれ込み、都会・田舎を問わず大きな影響を受ける。昭和二十年春、東京の家は遂に焼失し、正雄は着の身着のままで寺に帰り、常住せざるを得ないことになる。

　時にトキはすでに畑作に精を出し、冬場の一月～三月は地元の子女たちに裁縫を教授し糊口を養う。

が、昭和十九年には人の集まるところには防空壕を掘れという政府の命令で、二〜三十人も入れる土豪を境内に作った。畑作も、夏はサツマ芋、冬は麦を中心に、母トキはあらん限りの労力を用いて精励した。私も精魂を尽してこれを手伝った。だが母はこの間の無理がたたり、寿命を縮めた事は間違いない。

ただ娘さん達には、裁縫のみならず、編み物、ミシン、行儀作法なども教え、地元からは「お寺の奥さん」だったが、娘たちからは「お母さん」と呼ばれ、普段の仕事も沢山手伝ってもらう見返りもまた大きかった。ちなみに高女時代の親友川上ヨリさんは、母トキが死亡した日から三晩続けてトキの夢を見たと、後にその縁者が語っていた。死を知らせることは、実際に多くある実例である。

20　盗まれたテレビとお巡りさん

昭和三十年代の終りごろ、我が家にもモノクロテレビが具えつけられた。十六インチの小型だったが、それまでのラジオとは違う。視覚は聴覚に優るのだ。それまでの雑音が入ると叩いて直すラジオとは隔世の感あり。私が良く見たのはプロ野球の中継だったが、まだONはデビュー前夜だった。

ところがある日中、このなけなしのテレビが盗難に遭った。すぐに柳戸地区の駐在所に自転車で駐進(?)。午後、早速二人の巡査が来てくれた。現場験証の末、犯人は物が大きく重いから自転車で持って行くには手に余るので裏山にでも隠しておき、あとで取りに来るだろう、という推測を立て、裏山に張り込むこと半日。

秋の日はつるべ落し。暗くなって気の毒なお巡りさんの為、気の優しかった姉は夕飯を作ってふるまった。食前、手元に遭った焼酎を見せ、どうですかと勧めたら、「これは有難い」と飲み始め、けっこうきこしめして良い機嫌になり、もうテレビはそっちのけで四方山話の末、フラフラになって帰って行った。

翌日、私が改めて裏山を探した所、テレビは比較的近くにあるのを発見。昨日の巡査二人は何をしていたんだろう？まあいいや盗られた物が出ればと。また野球中継が楽しめたというお話。思えば、まだよき時代だったのですね。

21 「さんが」の消長

「さんが」とは元々「僧伽」と書き、インド語で「僧侶の集団」や「和合衆」の意味。わが曹洞宗千葉県第二教区（野田・柏・我孫子三市の十九ケ寺）の会報であったが、第十九号で廃刊。しかし、これは将来わが教区を調べる際には絶好の資料となること必定である。なぜなら、県下十六教区中、教区会報を出していた所は他に皆無であり、また読むに耐えうる記事が多いから。

私は創刊号以来の万年編集長であり、お盆に間に合わせるために各寺からの注文部数を、原則として七月中に完成させて郵送していたが、多忙の際中のため、これはいつも家内との軋轢の元だったから、忘れようもない。

編集会議は春から二回、教区護持会の概要、団参募集、役員紹介などをはじめ、各寺の由緒、本尊仏、特別記事などの恒例記事、寺族会報、地区特集などなど、これらの内容執筆・必要数・〆切などの打合せで、かなり大変。でも、一か寺でかなり多く用いる寺院もあり、総数はほぼ毎号五千部であった。それだけに地区寺院↓各寺への仕分けまでは目が回るほど大変で、時節柄よく長年努めたものだ。なお、教区外や県外へも若干発送し、喜ばれていた。また「さんが」の題字は当時東源寺（我孫子市柴崎）の達筆家・井上道英老師の揮毫であった。

22　山林は食材の宝庫

当山では春はタケノコが量産されたが、秋十月には近辺でキノコもまた沢山取れた。品種は、初茸・ナラ茸・ツル茸と豊富。初茸は小松山と相場は決っているが、近辺にはそれほど小松の山林も多かった。寺は裏の大松山にも少しは生えたが、裏山から田んぼを二つ超えた所が小松の繁茂地で初茸の量産所。

盛時には一升ザルではだめ。二升笊の柄付を持って行ったもの。一体どこの所有林だったのだろう。黒松山が普通の初茸、赤松山は赤初茸だが味は同じ。沢山ある所はウジャウジャ生えていて、胸をときめかしたもの。笊を一ぱいにし、ついでにワラビも取り、茸の上に乗せ、茸を早くだめにしたもの。

ただ、茸はタケノコと違って足が速く保存もだめ（今日ではＯＫか）。早く食べるにも、すぐ飽きる。これはナラ茸やツル茸も同じ。ナラ茸は栗や櫟の木からもグシャリと生えるが、ツル茸は湿気の強い栗山や竹やぶでも生え、長いのは柄長三十センチもあり鶴の足のようである。味は良い。昭和末頃、大悲殿背後の竹やぶに長大五十センチほどのツル茸が生え、手賀中学校に知らせた所、先生と生徒が取りに来た。教材に用いたのであろう。

秋には本堂の裏山には茗荷が群生したもの。地元では秋みょうがと呼称し、畑で春先などに生えるものと区別していた。寺での各集会には必ず食事を伴うが、皆山で自生する物を承知していて、ケンチン汁や食貝に用いていた。自家生の食材を用いた食事は実に美味だ。だから、寺は自家健康食品の豊かで貴重な空間であった。

食品のみならず、それらを調理する空間がまた、近所隣の人々との交流の場であり、新しい会員さんとの親交（信仰？）の絆をもたらす得難い機会であったのである。山林よありがとう。人間が自然を支配してばかりいると、いつかはそのシッペ返しに合うことだろう。

23　参道の花木と敷石

山門前のツツジの並木は今なお健在です。これはかつて、総代をつとめた山桐護（まもる）さんが埼玉（安行？）から購入して三百株を自ら植えて下さったもので、昭和四十年ごろの奉納です。山桐さんは、その前に並木となっていた茶園（二十九世大由（だいゆう）が昔植えたもの）を独りで開墾し、土を柔らかくして植えたばかりか、その後も施肥や剪定を一所懸命になされ、育成されたのです。とても常人のできる事ではありませんでした。

山桐さんは、他にも境内に何本かの苗木を植えてくださいました。またある時、「お寺で幼稚園をしないか、やるならまとまった経費を寄進しますよ」とまでいわれました。しかし私は高崎市の親友・山端昭道導師が、群馬県では最初に作ったにもかかわ

十九夜講供養のお練り込みも参道から（1982 年 3 月 2 日）

らず、幼稚園を市に取られたと歎いていたのを知っていたので、山桐さんのお話は有難かったにも拘らず聞き流してしまったことでした。

　参道に戻りますと、ツツジ並木が奉納される以前は、中央に四尺巾のコンクリート敷石が敷かれていました。ここは夏草が繁茂してお盆前に除去するのが大変でしたが、これを見かねて檀家の有力者・落合伝一（でんいち）さんが一寄進して下さったものでした。落合さんは弁舌はさわやかな政治家で、町の議員を長く努めた素封家でしたが、実行力に富んだ英傑でした。山桐さん共々、もっと長く活躍してもらいたかったと思います。山桐さんは明治三十年頃の生れ、落合さんはその十年後ごろの方でした。

　もう一人、それまでの井戸水が釣瓶（つるべ）からの汲み上げであったのを、水道にする為に骨折られた石井正平（しょうへい）さん（明治三十年頃の生れ）が忘れられません。石井さんも論述さわやかで実行を伴った方でした。役職は区長ぐらいで議員にはなりませんでしたが、善行を残した泉区の功労者でした。私が永平寺に安居（あんご）する時（昭和三十二年二月）、唯一人だけ柏駅まで見送りに来てなにがしかの祝賀（しゅっか）を頂戴したのを覚えている。後にお礼を致しました。

　追加するが、水道布設の特志者二十名ほどの方々は記録にとどめず散逸したのが心残りである。何でも直ぐ記録せねば、こういうことになるのだ。記録は重要である。

24　木挽の大技

寺には、常に製材した板や角材が立て掛けてあった。倒木・枯渇した樹木がそれだけ多かったこと、修理すべき伽藍も不断に多かったからだ。龍泉院の場合、こんな木材を加工する業者は、ほぼ木挽（こびき）と決まっていた。

　木挽は区内に必ず五、六名はいた。専業ではなく農業の片手間に行っていた点、茅葺きの屋根屋さんと似ている。道具は刃渡り一尺もある大鋸（おおのこ）一丁と墨壷（すみつぼ）だけ。これでどんな丸太でも自在に引くのだから、妙技を持った名人。

注文により五分板どころか一分板二分板でもOK。鋸より薄いような板もキレイな製品に変える。むろん拙巧の差はあるが、大技の名人が一、二はいた。泉では飯島儀助・飯島新一各氏など。儀助さんが師匠だったのかもしれない。

なお、墨壷は大工と同様、自作のものが多いだけに凝っていて、中には民芸品級のものもあって大切に扱っていた。

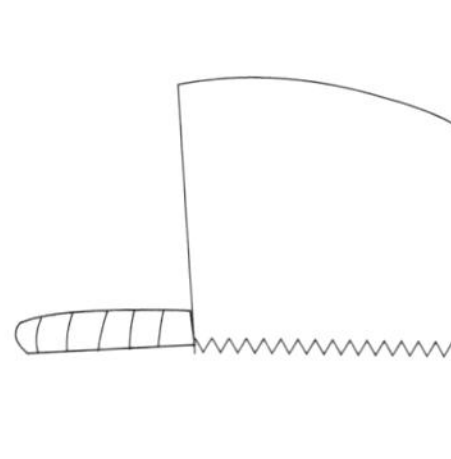

25　大正五年の知殿寮

現在の本堂の奥、ちょうど開山堂や歴住方の古い位牌類が祀られている個所に、昔は古い知殿寮（ちでん）の部屋が一棟、本堂から出して作られていました。これは『当院常什宝簿』（別掲）にも大正五年五月結制之辰の箇所に、「一　本堂裏（知殿寮　便所）新築」と記録されていますし、現に私宏雄はここに何か良いものはないかと何度となく出入りしてますから、この部屋はよく見知っています。昭和五十六年の現本堂上棟の前に、この古ぼけた部分は解体しました。

造りは和室でわずかに四畳。トイレはすぐ右側の室中に接続していたものを併用。

だいたい知殿寮とは、法堂（はっとう）（本堂）で儀式をスムーズに行うために、大行事の際に臨時に置かれる役職の控室であり、あってもなくてもよい。当山では大正五年の大由和尚の結制（けっせい）と授戒会（じゅかいえ）を同時に行ったから、特に小さな知殿寮を新築付設したのであろう。

さて解体する前の知殿寮には何かめぼしいものがあっただろうか。残念ながら期待外れだった。押入れには先代正雄の書籍（雑誌が主）が山積していたが、先々代の学僧大由のものは僅少で、広島から刊行した泉の石井勘左衛門家の先祖代々「孝子伝」の小冊子がかなり積まれていたぐらい。他の和本類はほとんどなく、すでに正雄に早く譲渡してあったのかと思う。

板敷の部分にはボロの幕切れや木切れ、使用不能のランプや灯心などが多く、マシな物は両班名を墨書した漆塗りの木板一枚（現存）ぐらいのものであった。この寮には他に価値のあるものはないかと何度も探しただけに、宏雄にとって懐かしい場所であった。

それにしても、前掲の『什宝簿』の記載は不明なことを沢山明らかにしてくれる。何と記録はありがたいことであろうか。

押入（上下）
タタミ
板　敷

26　農地改革という慈善

第二次大戦後、ＧＨＱの命令で、日本は農地解放が二度に亘って実施された。土地を多く所有する寺は大被害を受けたが、もともと七町七反歩が全財産であった龍泉院は、被害僅少であった。それでも四町四反歩が強制的に国に買上げられ、これを小作人に配分したのだから、一か寺としては大損失と言える。

しかも、寺の地続きの裏山が一町以上、田んぼを隔てた字中台原でもでも一町以上失った。

解放後、国はあまりにもひどいという民間の声を受けて、「農地報償金」の名目で解放地主に雀の涙ほど支払ったが、最高で百万円であったから、龍泉院は二、三万円で解放時の金額と合算しても数万円に過ぎない。要するに、土地を取られたようなものだった。

泉区では一度だけ旧地主の会合があったが、全部で十名ほどであり、いかに元々地主の少ない零細村であったかを身にしみて知った。

田地はもっとひどく、いわゆる「新田（しんでん）」といわれていた沼近辺の良田は全部解放。全部で何町何反になったか、計算する気にもならない。

だが、これで零細農家が潤い自作農が増えたのは、客観的に見て良いことであり、寺院における戦後の最高慈善行であったと思う。もっとも、全国的には山林何百何町歩を解放し、ゴルフ場を作ったがその税金で四苦八苦という特殊な例もあるそうだが。県内では、そんな大地主はなかったようである。

なお平成末期頃、日経新聞社員と名乗る者が、「ビジネス」に載せたいので農地解放の実態を知りたいから教えてくれと頼まれ、正直に教え現地まで案内してあげた所、後に送られてきた本は個人のもので、しかも誤りが多かった。さらに彼は浄土宗の僧職の者であった。こういう手合いには困る。なぜそれを正直に正面から頼めないのだろう。それでウソを書くなど、とんでもない記者だ。

27　クマバチとクマンバチ

寺にはよくスズメ蜂が巣を作る。大きな建物や多くの樹木があるからだろう。だが、クマバチはなんともないが、クマンバチ（沼南辺ではこう呼ぶ）は困る。毎年一度は駆除している。

十年ほど前に、客殿裏の大樫（白カシ？）の枝を伐採すべく業者に依頼したが、かなり上部にスズメ蜂の大巣があり、「これはアカンです」と中断させられた。地上十五メートルほどのところだった。また、山門の梁（はり）板の途中に特大の巣が作られたこともあった。剪定業者が刺されたこともあり、半日は業務を休んだ。住職の妻（寺族）も、一度救急車に乗った。

嬰児（ようじ）墓地の裏に椿の並木があるが、その選定を奉仕してくださった参禅会員が、地をはうようにして、難を逃れたのは、前夜テレビでスズメ蜂から襲われて逃げる方法を見たからという間一髪のケースもあった。テレビを見ていなかったらと思うと、ゾッとする。

　また、墓地に行く途中に大きなスズメ蜂の巣がかかり、「三十分間交通止め」の張紙を出したこともあった。住職宏雄は悪運が強いのか、一度も刺されたことがない。

　一方のクマバチは金ブンと似て、身体だけは大きいが無毒で花粉だけを運ぶ益虫である。名は似ているが、人間にとっては正反対の対応を要する虫があることの紹介である。

28 隠居寺、長栄寺との往復

　この寺の末寺は、隣の若白毛に長栄寺一か寺があるだけ。だから昔から住職同士は頻繁に行き来をしていた事は容易に想像される。ところが、正式の住職の交代となると、様々な問題がからむから、そう簡単でないところから、極めて稀なのである。どうしてだろうか。

　だいたい、長栄寺開山の幽谷機雄大和尚は龍泉院の第五代であって、その後、第十一代の燈庸愚伝和尚までの七代の和尚は、龍泉院から代々長栄寺へ隠居していた。つまり長栄寺は龍泉院の隠居寺だったのである。江戸時代の初めである。ところが、次の第十二代からはそれがパッと切れて、長栄寺は各地から様々な和尚が往来するようになり、龍泉院へ居住するようになったのは、二百年を経た幕末に二十三世の隠山顕之が龍泉院二十六世になっているだけである。

　この方は龍泉院でも多くの常住物を調達して功労を上げているが、最晩年には藤心（柏市）の慈本寺へ移住し、大般若経六百巻を納入するなどの大仕事をしている。このように隠山は、極く稀な優秀な住職であったに相違ないが、惜しむらくはその出自はまったく知られない。

その後は私も微かに覚えているが、若い時には真面目で堅物であった二十九世の洞雲太英師（俗姓高野、昭和三十三年遷化）が、晩年はやや知的障害を起し、境内に土手を築いたり薪を集めたりし、私が法衣一式を差上げたこともある。次の三十世眞源恵教師（俗姓山田、平成中頃遷化）は岐阜県多治見市の生れ（京都府舞鶴市桂林寺三河敬明師の法嗣）であり、我孫子市白山興陽寺山高敬信師の弟子であることから、二十五歳の時に長栄寺へ連行されて住職。その後沼南町役場に勤務していたが、平成中頃急逝。奥さん（愛子氏）も多治見辺の産であり、名誉欲が強く町の婦人会長を他に譲らなかった。柳戸弘誓院の寺族と相性悪く、泉・柳戸・若白毛の三か寺で懇親を企るべく宏雄が斡旋したが、泉・柳戸の二回のみで廃絶となった。後に不祥事で長栄寺を退任する際、寺の常在金を糺すと、「一銭もありません」と平然としていた。それでも長栄寺の総代長さん（河村甚一氏）は何がしかの餞別金を差上げたのは、今思うと沼南の古老はさすがであった。

ちなみに、これを期に長栄寺の檀家は二分して争い、教区寺院を介して私宏雄を後任の兼務住職に推したが、私は竣拒し、やや小康を得てから現住職を推挙したのである。

以上の様な事は書くべきではないかも知れぬ。しかし、寺の住職をめぐる争いは寺檀ともに不幸な結果になることを他山の石としないでいただければとの思いで、敢えて執筆した。

わたしには
お師匠さまから
正しく伝えられた
たっとい　一語がある
それは
「雪の中に　梅の花が　ただ一輪　咲いている」と

ああ　これを
ふつうの人は　何度聞いても
仏法だとは　信じてくれない
だけど　本当の修行をしている人は
ひとたび　聞いただけで
それを信じて　疑うことなどない

道元禅師『永平広録』巻六

29　クマガイ草と十二単衣

　どちらも山野草の名称ですが、まだ見たことも無い方も多いでしょう。それもそのはず、「クマガイ草」は普通の国語辞典にも載っていません。花も種子もないので、シダやコケの胞子（ほうし）植物に似ていますね。でも、春四月ごろ、レッキとした大きく紫色のような芽を出し、その先からニューと長い糸状のツルを長く出す隠花植物です。といえば、「ああ、あれか」と気がつく人もあるでしょう。（口絵参照）

　この植物は極めて少く、しかも珍しいのです。龍泉院では昔はたくさん見られたのですが、最近では墓地の南側の暖地に僅か見られるだけになりました。

　これとよく似た植物にアツモリ草がありますが、これの方がまだ数は多いようです。何か昔の武将の名前を想起しますが、その由来等は定かではありません。昔から山門の外側の南向斜面などには群生していましたが、いつしか好事家にでも盗られたようで、今ではその辺には皆無となりました。クマガイ草も同様ですが、私はこの珍しい植物の絶滅を惜しんで、三十年ほど前に庫裡の某処に竹やぶと同様な環境の一郭を作り、そこにそっと移植して余命を保っています。文字通り貴重な遺存です。

　これにひきかえ、十二単衣（ひとえ）は名前だけはあまりにも有名ですね。いうまでもなく、昔の女官の正装をいいますから、現代でも用いられているようです。

要するに、沢山の衣装をまとって十二枚重ねになるような、重ね着のこと。当面の山野草としては、可愛い数センチほどの丈に過ぎませんが、白く小さな花をつけた形が幾重にも白衣をまとったようなところから、名づけられた草花です。

これも寺には沢山あったのですが、今では北側の竹林の中に僅かが残るだけになりました。でも、毎年数十株は芽を出します。大切に大切に保護したい山野草の一種です。

30　大へびとの出くわし

寺社には昔からへびはつきもの。樹木鬱蒼し薄暗いのが、爬虫類には適しているのか。当山でも昔から至る処にへびが住み着き往生した。見た最大のヤツは、旧本堂のすぐ裏にいたウワバミ。太さは茶筒ほど。見つけて「コラッ」と大声を上げると裏山へスタコラ。ところが驚いたのは、辺りに所せましと生えていたミョウガの木をバタバタと薙ぎ倒して進む。これにはビックリ仰天。ああいう蛇を本当のへビー級というのでしょうね。

また長大の青大将では、旧開山松の周囲をギッシリと巻いているのに驚いたことあり。周囲約九尺あったから、ヘビは全長二七〇センチ以上あったわけ。さらにギョッとしたのは、今の坐禅堂の辺りが竹林だった頃、ヘビが二十匹余りもトグロ巻きの玉になっていた時。さすがに気味悪くなって逃げましたが、ほとんどは山かがしだったようですが、何のための玉づくりだったのでしょうか？

31　害獣、アライ熊出没

もう二十年ほど以前、白井市・印西市の地域でアライ熊の出没が話題となりました。人間にとって、この有害獣は様々な悪害をなす事は、すでに大きな問題とされ、捕獲と処分が必須とされ、その駆除が

アライ熊

今なお取り沙汰されています。困ったことに、もともと野性的な性格が強いことからも、寺社仏閣のような静閑な場所が大好きで、そんな場所に棲着したものが多いということです。

龍泉院などは、こんな連中とは無縁と思っていたのに、あにはからんや、出た、出た。イヤ、来たというべきか。工匠堂の渡辺社長が発見してくれた。場所は、本堂南側の戸袋。ここに下から駆け上った跡があるというのだ。さすがプロの炯眼（けいがん）と敬服。この本堂は昭和五十七年に建立した当時、天井への上り口と地下へのもぐり穴は完備しておいた。

これが今回はモノをいった。そのルートから天井に上り工匠堂さんに巣を駆除してもらった処、およそ一メートル四方の袋十杯分もの巣であった。さいわい、アライ熊の実物は一匹もいなかったが、この巣の駆除は実に大変であった。今後も点検を欠かさない。

昔、中学生たちが宿泊して「肝だめし」をした時、天井から落ちてきた一メートル以上の青大将がいたら、一体どういうことになったかと想像するだけでも興味が尽きない。さいわい、昭和五十七年建立からすでに築半百年に近い本堂だが、これまでにヘビは一匹も見たことがない。だが、油断は絶対に禁物。寺院の管理は、当事者にとっては大変なのである。

32　宮大工さんとの仏縁

沼南の村むらには、一人や二人の大工さんが常在していました。家の建築や修繕だけでなく、小物づくりにも必要だったからです。泉地区でも同様で、霊簿にも載っていますから、同様でした。中には、代々世襲の場合もありました。技術の伝授のみならず、道具類の授受にも都合が良かった点もあるでしょう。

泉区では最近は、落合新蔵—重好—登（婿）の三代続きの家が衆知されています。皆良い技術を持ち、特に地元で多くの家を新築したのは、新蔵—重好の両者でした。寺の建物では、現在の庫裡と観音堂を建てた重好さんです。

ただし、その中間にある客殿は、種々の事情から泉の古川国夫氏（檀家・故人）が棟梁となりました。丁度本堂建立の直前であった為、下り棟の蒲鉾（かまぼこ）型の部分で手こずり、同時期に本堂を建てた有井（ありい）建設さんに一升下げて指導を受けて無事に仕上げました。

それをきっかけに、有井建設と古川さんは大の仲良しになり、東北地方の寺院を一緒に建てました。同業者同士が共同した一つの佳話であります。

ちなみに有井建設さんは東京の業者であり、飛騨（ひだ）高山市の八幡神社を建築中に、龍泉院の永平寺参拝の帰途にちょうど高山市を訪れ、このような建築を造れれば良いと羨望したばかりの翌月、本堂の建築入札に有井建設が決定したという奇跡的な因縁に結ばれたのである。この不思議な仏縁は、後世まで伝存し伝承されるべきでありましょう。

33　元旦の霊瑞

あれは前の旧本堂を改築の為に解体する年だったから、忘れる事はあり得ない昭和五十六年の元旦だった。この本堂で祝聖（しゅくしん）の読経（どきょう）ができるのが最後だと、少々気合を込めて朝のご祈祷を始めた。もう終りに近い頃、突如前面の前机全体が金色（こんじき）に光り始めた。不思議な事よと思う間もな

解体直前の旧本堂（1981年2月4日）

く、それはますます輝きを増した。ケッタイな事と思い、読経終了後前机をしげしげと見つめたが、輝きは変らない。

そこで前机上の大蝋燭で照らして裏側をのぞき込み、思わずアッと息を呑んだ。ギッシリと墨書があるではないか。これまで見たこともない文字で。改めてこれを全部写真に撮り、原稿用紙に写し取る。末尾には文化年間の年号も見える。つまり、この前机は文化三年（一八〇六）に位牌壇を作り五十六戸の檀家位牌を祀った時の作であり、大工は泉の二十三夜堂を建立した、泉の落合庄右衛門家の一代大工さん、書いた方は当山二十世の英宗当観さんであることが分かった。当山の十八世〜二十世は浜北市（浜松の北）の出身で、皆業績を残しているが、まだ今後の調査にまつ所が多い。そのキーポイントを知るべき貴重な墨書がこの前机である。

それにしても不思議なことがあるものだ。この前机は今春この本堂が解体されるのを予知していたかのように、住職に「前もってここをよく見ておけよ、こんな大事な事があったんだぞ」と教示すべく、元旦に知らせてくれたとしか思えない。前机が輝やかなかったならば闇に消えたに違いない。こんな霊妙不可識なことを知らせてくれたのは、前机が前机ではなく、仏さまだったにちがいない。だからこの営為は人知を超えた仏さまの霊瑞としか云いようがないであろう。

今、この霊瑞を見せてくれた前机は宝蔵一階の奥に収納してある。当山の貴重な什物である。なお本項はすでに拙稿『沼南の宗教文化誌』三—24「文化八年の前机」に詳しく紹介済みである。併せてご覧いただければ幸甚です。

34　夢のお告げ

戦後間もない頃、当山お檀家の亀島家のお子さんは女性ばかりになった。こうした場合、農家では早く男性の働き手が欲しいから、長女に婿をとるのが常識であった。亀島家でも常識通り長女の方（仮にYさん）にお婿さんを貰った。仲睦まじかったのであるが、Yさんが三十代のころ、ガンになってしまった。当時はガンになると、もう絶命を覚悟する時代であった。

もう夏も終りに近く、当山の庭の中程にある百日紅は、まだ紅色の花をたわわに咲かせていた。私は早朝の四時頃、夢を見た。なんと、Yさんが百日紅の木の下に佇んでいるではないか。訝しんで、「あれYさん、入院していると聞いていたが？」と聞くと、「ええ、今日はとっても調子がいいんですよ」と云った。とたんに夢が覚めた。おかしな事があるなと思った。その日まもなく親戚の人が二人連れ立って来て、Yさんの訃報を告げたのには驚いた。いつ頃かと聞くと、「今朝四時頃だったそうです」。ウヘッ、私が夢を見た時刻ではないか。それもアリアリと。それをいうと、二人の告げっ人さんも顔を見合わせていた。

こういうことは不思議だが、実際にはままあるのではないだろうか。おそらく僧侶方に尋ねれば、「そういえば……」という返事がみんな返ってくるにちがいない。私の母が逝った時などは、大昔の親友で三十年以上も逢っていない川上ヨリさんは、三日二晩私の母の夢を見たという。これを夢のお告げといわないで、何と表現したらよいだろうか。

今、Yさんのご長男は機械工の職人として、美容師の奥さんとともに精励して働いている。私の体験は話してないから知らないだろう。知っても知らなくても、こんな不可思議な事はいくらでもあるのだ。だから人間、夢の中でも徳を積むように心掛けねばならんのだ。

35 賽銭ドロボウと詐欺師

寺社に賽銭（さいせん）ドロボウは付きもの。やられた事のない所はないだろう。当山も然り。昔から何度となくやられている。だが最もひどかったのは平成の初期、本堂前の箱の錠前が派手に壊されているのに気づき、駐在所に電話。金額を聞かれ、三万円ぐらいと答えておいた。

ところが数日経ってから、東京は小松川警察署から驚くべき電話が掛かってきた。「関東一円を荒らしていた賽銭（さいせん）泥棒が捕まったが、盗んだ場所と日時、金額を全部記録していた」「で、龍泉院は？」「おたくさんは○月○日、金額は七万○千○百円でしたよ。」エッと思った。長らく賽銭箱を開かなかったが、そんなにあったとは。これは大損したワイ。

検挙された泥棒の盗金や宝石は、どう処理されるのかは知らないが、要するに国で没収するのだろう。が、これは厖（ぼう）大な額に違いない。というわけで、その後は箱をたびたび開けるようになったという一件。でも、こそ泥は相い変らずです。

さて、詐欺（さぎ）と言えば、オレオレ詐欺のニュースや警告はテレビで日常茶飯時。思えば日本も国情が悪くなったと思わざるをえません。つぎはやはり平成初期ごろのお話。

日中、乗用車で来た中年の男が玄関をたたき、「銚子から来て、これから東京へ物品を収めるんだが、財布を忘れてきたのに気づいた。お寺さんなので折りいって頼みたいが、三万円貸して貰えませんか」と両手を合わせた。私は「ほう、それは気の毒に。だけどな、こっちもお金を貸す以上、相手がどこの誰だか判らんでは困る。車で来たんなら免許証を持っているだろう、一寸見せてくれないか。」無造作に免許証を出した。手にとるやらすぐ近くに置いてあったコピー機にかけて複写した。すると返すや否や男は「ちょっと用を足してくる」といって脱兎のごとく逃げ去った。

馬鹿な奴だと思いながら、すぐ警察に電話をした。すると折返し、「あの人間は金○○という韓半島の人間で、今全国で指名手配中の犯罪人です」に、こっちが驚いた。「よくそんな重犯人がいとも簡単に免許証を出して見せたものよ。すぐに逃げてくれてよかった。それにしてもヘマな奴だな」と。

平成のバブル経済期には、こんな例が多かったのである。今の詐欺とは雲泥の相違ですね。また、境内のトイレを勝手に使って、ペーパーがないといって鬼のように怒り、私が追い掛けたら、汚い貨物車を急発進してぶつけようとした者もいた。さいわい咄嗟にプレートナンバーを覚えて駐在さんに電話したところ、これは藤ヶ谷地区の札付の某と分かり、後に処分されたそうです。いやはや、永年の間には様々なケースがあるものです。住職業も本当に修行でした。

36 梅花講の活動

曹洞宗では、宗旨の宣場と檀信徒の強力な信仰の拡充を意図して、一般に御詠歌（ごえいか）として知られている仏教音楽を「詠讃歌（えいさんか）」として、宗門の教化組織の中に取入れ、その活動を強力に推進している。その草創は、宗祖道元禅師（一二〇〇〜一二五三）の七百回大遠忌（一九五二）であるから、すでに七十年以上の歴史となる。

音楽的要素を習得するためには、優れた指導者からの修養が必要。妻瑞恵（みずえ）の修養は、昭和末期ごろであり、当時、宗門梅花流詠讃歌の草創者である笹川良宣（ささがわりょうせん）尼老師が柏市柏の長全寺に教授

熱心に奉詠の梅花講
（2012年2月15日）

に来ておられ、瑞恵もここに通って教導を受けた。講員数はさして多くなかったが、定時後も単独で不明な点を質して程度を高めたという。

かくして龍泉院でも同好の方を誘（さそ）い詠讃を始めて漸次増強し、ついに笹川先生を来賓に迎えて単独の講を結成したのは平成年間春頃であった。

宗門では県単位でもこの講を推進し、県内にも師範が生じ、また宗務所の梅香主事なる役職もあり、かかる人材を講師に迎えて、寺で特別講座を頻繁に開き、また県主催の大会への常時参加、全国大会（都道府県別に毎年）への参加・登壇などで志気を盛上げた。かくして「龍泉院梅花講」は名実共に県下で著名となった。寺でも三仏忌（さんぶつき）には常連であった。

しかし、無常の大浪はここにも至り、次第に講員の物故者も増え、ついに平成期を最期に自然消滅となったのは、淋しいの一言に尽きる。ただ当山としては、梅花講の活動は短期間でこそあったが、確実に教化活動の歴史を作ったといえるであろう。

山には山の愁いあり　海には海の悲しみや
まして心の花園に　咲きし薊（あざみ）の花ならば
（ＮＨＫラジオ歌謡）

37　県下唯一の坐禅堂

宗門の県下三百三十何か寺の中で、坐禅堂のある寺院は十か寺もあるだろうか。だが、あってもほとんどは本堂の一角や、他の堂宇を改築したもの、またはビルの会館等の一郭を坐禅堂としたものであり、本格的な坐禅堂というべき伽藍建築である結構体裁を持ったものは、わが龍泉院を措いてないであろう。だから、県下唯一というのである。なぜそのようなものが完成できたのであろうか。

参禅会員の一名、伊藤幸道和尚が出家後、本山安居（あんご）は果たしたが、次に立身（りっしょく）という儀式を行わねば資格が得られない。そこで、縁あって鴨川市宝昌院（黒岩一哲老師住職）で立身の儀式を行う為、私と参禅会代表幹事で、総代の小畑節朗氏が鴨川に行き、鴨川グランドホテルに一泊。その時、「うちの参禅会も坐禅堂がほしいなァ」「いくらあればできようか」「最低で三千万円だろうな」。小畑「それなら私が一千万円出します」。私「それなら私も一千万円」。これで二千万円は決まった。

その年の十月、参禅会員が良寛さんの遺跡の旅で、新潟市の弥彦（やひこ）神社の隣にある旅館高島屋に宿泊した折、私が「皆さん、坐禅堂を作りませんか。三千万円は掛りますが、もう半分以上の目安はついています。」皆「やりましょう。」これで全員の腹が決まり、それからは目の色が変り、参禅会は坐禅堂建設に突入。

以後は他寺の坐禅堂の見学調査、設計・外向・設備・会計の設置とその活躍、実施。その最中には例の三・一一に遭遇したり他には話せない諸問題があり、最終的には檀信徒からの協賛もあり、総額四千数百万円を費やし平成二十四年十月に坐禅堂が完成したのである。なお詳細は各役職者の記録に残されている。とにもかくにも、これは間違いなく当山の歴史に残る大事業であり、沼南の寺院でも間違いなく他に誇るべき偉業であった。

> わづかに一人一時の坐禅なりといへども、諸法とあひ冥し、諸時とまどかに通ずるがゆえに、無尽法界のなかに、如末現に、常恒の仏化道（ぶつけどう）をなすなり。彼我（ひが）ともに一等の同修、同証なり。
>
> （道元禅師『正法眼蔵』弁道話）

38 三・一一の寺

「昔の築三百年の古本堂の頃、南側の白壁には大亀裂が入っていた。」「これは昔、関東大震災（一九二三）で出来たキズだ。それほど凄かったんだ」「あの時は東京方面の空が真っ赤になり、夜まで同じだった。」これは私が叔父の祐信（ゆうしん）（一九〇二生）から直接聞いた話。あれから約百年後の、あの恐るべき大惨禍をもたらした東北大震災（二〇一一年三月十一日）の時、当山はどうだったのか。

前日の三月十日、観音堂の前では大観音像建立の工事が始まっていた。妻瑞恵が両親に供養のための一寄進であった。濱嶋石材店がコンクリートの大基壇上に大基礎を置き観音像（約七尺）を乗せる工事

大震災で無事の当院開山量指長英大和尚の位牌
（一九五三年二月二〇日）

に大童であった。

別に参禅会では坐禅堂建立を企図し、立派な建築でなく、手頃な千葉・茨城の三か所見学・実測を予定していた。午前中まず八千代市長福寺の堂宇を調査し、車の編成を整えて茨城・結城市へ向う。住職は杉浦上太郎氏の車に小畑節朗代表と共に便乗。他に車三台。

結城では皆で昼食の後、まず孝顕寺行。坐禅堂の精査が終り楼門（結城秀康作、文化財）を潜った時、大揺れが来た。尋常ではない。時に十三時四十六分。車の持ち主は手で抑え込む。その時、見事な山門袖のコンクリート壁が大音響と共に崩れ落ちる。重層山門の瓦は容赦なく飛んで来る。逃げる。寺の奥さんは誰かに縋り付く。この世のあり様でないが、大揺れは相変らず続く、続く、続く、逃げる。逃げる。

我々は次の予定地、玉泉寺に向う。この街は城下町で狭く、至る所で瓦礫で通行不能。これをぬって漸く玉泉寺到着。法堂で礼拝の時、天蓋が大揺れ。本堂横の回廊から禅堂へ。大きく立派な伽藍。が、見学中に禅堂の大棟がダダッと落下。破壊。すさまじき情景のみ。

お礼もそこそこに帰途につく。カーラジオでは震源は岩手県下でマグニチュード八・八と。ひどいわけだ。県下の広い道路に入るも至る処で通行止め、迂回、また迂回。県下は全部停電、電話不通、コンビニ・スタンドはすべて閉鎖、空腹とガソリン切れを憂慮。両寺で頂いたお茶菓子で空腹を満たす。漸く守谷に着くと対岸の柏は電光煌々に思わず快哉の声。

かくて、結城行は往路二時間、復路九時間にて漸く夜半に帰寺。早速観音像を見るに無事。とまれ大変な一日であった。妻は裏山に逃げて大木にしがみついていたと。

翌十二日には被害調査。山門頭の石灯籠は二基共半壊、本堂裏の石灯篭も同様。歴住塔は約半数が倒損。檀家墓地の石灯篭は大半倒損。諸方の写真を撮りまくる。本堂内は前机の燭台二基共落下し床は傷だらけ、古位牌全部落下、開山像など二体落下損傷。

外部は住職の手に負えず、屋根瓦などは地元の石井瓦屋は既に二百軒から頼まれて年内の修理は不能と。止むを得ず客殿の棟瓦（むねがわら）損傷三分の一などは、住職自ら棟に上り修理。ブルーシートを敷き重しに瓦を下げる重労働。然し急場凌（しの）ぎにはなり、後日しばらく日数を経てから、石井瓦屋さんに全て修復してもらった。とにかく恐ろしい体験の一日であった。だが当地では大火災も原発事故もなかったのは、それこそ法倖であり、仏天のご加護といわなければならない。

39　こんな若い時もあったじゃないの

私は檀家の皆さんと共に、方々の団参旅行も沢山行いました。団参にもいろいろあり、①大本山で行われる大遠忌、②千葉県第二教区（十九ヶ寺）の護持（ごじ）会の研修旅行、③その他、ですが、ほとんどは②で多く、①は両大本山とも五十年に一度の大遠忌ですから、回数はごく僅少でした。③は住職達だけの旅行などですから、これはもっと少なかったです。

さて、②の場合でも、大本山などと一般観光地を組み入れるのが普通で、これは観光業者からPR紙を持参します。良いのがある場合は、まず総代五名と協議し、よしやろう、となれば、護持会の役員会（総代五、世話人十、計十五）で決め（日程・人数）、募集。これはどんな旅行でも同様です。

私は団参で忘れられないのは、まだ教区長に就任して間もない昭和四十年代の初め、永平寺への教区一緒の団参で、なんと千二百名の団員を十二台の観光バスで実施した時です。何せ三十代中ばの若僧が団長として、挨拶や指揮をとらねばならず、宴会場では必ず歌を歌わねばならない（カラオケのない生（なま）オケの頃です）から、予め歌を二、三曲覚えておきました。他には宿泊所の部屋割りに苦労しました。

記念の団体写真は観光業者が手配してくれるから良いのですが、個々別々の場合、なぜか女性は遠慮したり嫌がって逃げる人が多いのには困りました。そんな時の殺し文句が「あとで必ず、こんな若い時もあった」というと、大抵はシャッターを切らせてもらいました。事実、後で焼いた写真は皆喜んで受取ってくれました。

　男性は写真などより、帰りのバスを如何に楽しい宴会場にするかであり、ために飲物、特に旅先の銘酒には気を使いました。

　このように、団体旅行の幹事役は皆大変ですが、疎遠な人とも親しくなれ、他人が喜んでくれる事は、つまりは自分の喜びであります。

40　コロナ感染撲滅の祈祷

　令和四年正月中旬の新聞（読売・毎日・千葉日報・柏市民）を開いた方は、柏市泉の龍泉院でコロナ感染を撲滅するご祈祷が数十年ぶりに行われるという記事を見て、目を見張ったでしょう。確かに正月二十八日の初不動の日は、そう多くもないが地元数十名、遠方は松戸からの来山者もあり、大正年間のスペイン風邪から約百年ぶりという世界驚怖のコロナ感染病の禍（わざわい）から逃れたいと望む人々で賑わいました。

　なぜ当山で感染病の御祈祷などができるのでしょうか。それは「湯尾（ゆのお）峠茶屋孫嫡子（まごちゃくし）（さるや）☆」という板木（はんぎ）一本（約二十四センチ×三センチ）があるからです。

　日本民俗学会の権威で日本呪術・易学等の第一者である大島武彦先生によれば、この板木の所蔵者、つまりこれを刷った印刷物（祈祷札）を頒布できる機関は、全国でわずかに数カ所の寺院しかない、といわれます。つまり龍泉院のものはとてつもない珍品というわけです。では、なぜそんな珍品があるのでしょうか。結論から言えば、それは未詳です。

福井県南越前町の湯尾峠（北陸トンネルの上）は、古代から北陸道が通る交通の要衝で、道教の神と仏教が集合して成った神社があり、四軒の茶屋がお守り札を配布していた。それらの古い遺品類は、現在同県の有形民俗文化財に指定されている。私は当地の学者から、それらの資料やコピーを頂戴している。

私が参禅会の集まりの際、フトこんな話しをもらした処、その現物を見たいとの要望で、宝蔵に死蔵されていた右の板木を出した処、会員でこれを印刷し初不動の参拝者や参禅会員に配布する事となった。これがいつしかマスコミ関係の知るところとなり、新聞などに掲載される破目になったしだい。

問題を前に戻し、なぜ当山にこれがあるのか。一つの可能性として、私の祖父で先々代の大由は、若くして俊英であり、二十代で能登總持寺から越前永平寺に講師を命じられた。この時、帰りは敦賀から京都を通っているので、あるいは今庄の湯尾峠に寄り「さるや」で孫嫡子の札を需め、後に板木を作り祈祷の際に若干を配布したのではないか、と憶測する。元より何の確証もないが、多くのマスコミさん達から聞かれて、語った内容である。

当山には、内容未詳の板木や軸物などまだ沢山あるので、どれでも直答できるように勉強しなければならない。

41　最長喬木の衝立

沼南地域で最長と言われていた当山山門頭の大杉が枯渇し、倒れたら駐車場で大惨事をもたらす恐れがあるので、令和三年五月、遂に伐採されました。業者は石井造園さんの斡旋による秋谷工務店（金山）で、当日は参禅会員数名、市教育委員会、樹木医など、十名あまりがこれを見守りました。

低木の灌木に対し、長木を喬木と称しますが、当山のこの喬木杉は全長三十一メートル以上もあり、一応沼南では最長とされていました。

よく探せばもっと喬木があることでしょう。例えば市の指定文化財である大井妙照寺の大杉などはどうでしょうか。

当山の喬木杉は長さだけでなく、根元の太さは格別で直径二メートル以上もありました。この太い部分は勿体ないので、若干輪切りにして保管したのですが、参禅会員の小林裕次さんと辰巳彰比児さん（共に鎌ヶ谷市在住）の両名が大変な日数を掛けご苦労の末、令和三年四月、すばらしい衝立に仕上げられました。その概要は宏雄が作り、会員で書家の牧野洋子さん（柏市あかね町）が書写されました。

本堂内に入られた方は、どうかこの衝立をご覧になり、かつての喬木を偲んでいただきたいと存じます。名称は、昔龍泉院に百年近く帰依を寄せてくれた、静岡県焼津市の四万石の大名、本多氏の名を取り「本多喬木」と名づけました。明治頃は、昔本多様の植えた木がごうごうと聳えている、と伝えられていたと聞いていたからです。

揃って聳えていた頃の山門杉
（1984 年 7 月 1 日）

四　龍泉院の宗教文化

1　南宋銭がザックリこん

泉地区の手賀沼に近い場所に「石揚」という場所の畑が開発されて、千葉県立の「県立少年の家」という施設が建てられました。一九五〇年八月の頃でした。地主はほとんど泉の人でしたが、その頃石井文雄氏（現当主、石井英子氏）の所有地から大昔の穴空き銭が出土したといって、寺に持参し奉納しました。

その辺には昔から武士のお墓があると伝承されていたので、出土品を寺に納めたのです。穴空き銭はまだ紐などに通した跡もあり、何十枚もピタリとくっついたものもあって数えられませんが、およそ数百枚は下らなかったでしょう。

問題はそこに彫られている文字です。私はせいぜい天保銭の類かと高を括っていましたが、ある時、思い立ってこれをバラし、剥がせるものを剥がしてみて驚きました。日本の年号は皆無で、中国の年号ばかりで、調べた所、南宋時代の古銭のものが大半なことが判明。金国は靖康元年（一一二六）で終り、次の紹興からは長い南宋の時代に入る。この時代の南宋銭が最も多く、古くは唐代の開元通宝もある。北宋銭も若干。いずれにせよ、一千年も経った古銭が大半です。

こんな時代の古銭は当時の日本でも通用したといいます。だから日本人の誰かが所持していたものが残ったものであるか。武士の墓という伝承を真に受ければ、平安末期か鎌倉武士の収蔵品かも知れない。こんな憶測をこらしながら、古銭はまだ現存しています。

「石揚」とは昔石材を舟から上陸した場所の地名です。この遺跡は発掘調査がなされ、すでに分厚い調査報告書が県から発行されて

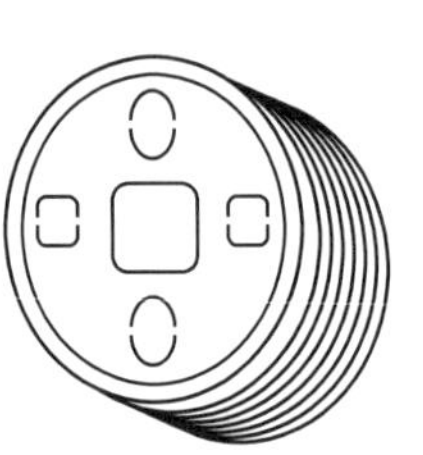

います。これを改めてよく読んで、およその年代だけでも確定したいと思います。しかし、一千年も昔の古銭がザクザクとは、大きなロマンを秘めた遺物ですね。

2　沼南一の仏涅槃図

平成二十八年十月に当山で開闢以来の寺宝展を開催した際は、マスコミの方々も大勢来山されましたが、中でも朝日新聞社の支局長さんから涅槃図（ねはんず）を指して、「これはなんと読むのですか?」と聞かれて教えると、次は「これは何の絵ですか?」と聞かれて、当方が仰天。事もあろうに、朝日の支局長といえば相当の知識人という先入観が消し飛んだのはともかく、ああこれが現今の知識人クラスのレベルなのだと考えを改めた。

涅槃図などは国内の寺々に何万点もあり、二月十五日の仏涅槃の日には、みな掛けて有縁者に供養礼拝させているのですぞ！当山でも毎年これを掛けて詠讃歌（えいさんか）を唱えたり法要を営み鄭重に供養をしていると説明し、やっと納得してくれた。

私たちの金石調査によれば、涅槃図は沼南で十本ほどの存在を確認したが、当山のものがタテ・ヨコ共に群を抜いて最大であり、しかも正徳五年（一七一五）の作品であるから最古。原軸の墨書によれば、作者は江戸浅草の市郎兵衛である。私は全国で何百本も目にしているが、当山のものは秀作である。この大作の記銘はないが、当時の泉村の領主、本多正永（まさなが）が正徳元年（一七一一）に当山へ四十両の大金を奉納しているから、それでこんな大作品を購（もと）めたものと推測している。

私は何とかして市郎兵衛の具名などを調べたいと願い、二十年ほど前に江戸博物館や東京国立博物館まで行き、絵画担当の先生方に願ったことがあるが、当時は遂に未詳であった。これは今なお残念至極であり、心の底に残っている。将来だれかこれを追求し、筆者市郎兵衛を調査してもらえれば、こんな嬉しい事は無い。なお、本涅槃図の写真は、『沼南町金石史料』第三巻や拙著『沼南の宗教文化誌』の各口絵に掲載されている。

3　十二天の古軸よ

寺には「十二天」と称する古軸が所蔵されています。ただし、実は仏教芸術の儀軌通りの十二天ではなく、十天と不動明王の両童子（制多迦・金伽羅）の十二軸なのです。しかも、両童子は、古い木版彩色で、十天は江戸中期の肉筆画と、内容・形状の異なる作品です。毎年吉祥院の施餓鬼（八月二十三日）には泉区の当番が借用に見え、三夜堂に飾られますが、これらはどんな歴史と由来があるのでしょうか。

まず十天。これはもと十二天の揃いであり、鷲野谷の篤信家であった染谷満喜翁が描いて二十三夜堂に寄進されたものです。時に安永八年（一七七八）。（拙著『沼南の宗教文化論集』参照）。これで筆者も年代もわかります。次に古い両童子ですが、これは難物。元は不動明王の大幅があり、その脇侍に飾られていたのでしょう。手掛りは両童子の作風。これは「妙沢様」という特異で迫力満点の作風で、南北朝に一世を風靡した妙沢なる絵師の作風とされ、日本には数点の残存が知られるだけとされます。当山のものは確かに迫力に満ちた力作であり、今後の専門家による確たる鑑定が待たれるところ。

所で、この十二幅は、もと吉祥院が困ったときに質入れし、それが流れたまま伝わったものとされます。時の質屋は泉の山桐治右衛門家（現山桐光裕家）。同家は幕末ごろ質屋を営んでいたといわれ、その頃の質草でしょう。下って山桐護氏の代に「うちで持っているべきではない」と、龍泉院に寄進されたのです。この数奇の運命をたどる什宝は、宏雄代に表装替えをして由来を墨書しておきましたが、大切に大切に守るべき什宝であります。今後、どこかで不動明王または両童子の展覧会などが無いものでしょうか。大いに期待されるところですね。なお、右の両童子の写真は拙著『沼南の宗教文化誌』の口絵にも掲載済み。

4　他国人が書いた二つの額

他国といっても外国ではありません。日本は明治初めまでは六十六カ国あり、川一つ越えれば他国というのはザラでした。当山では前の本堂と山門にかかっていた「天徳山」「龍泉院」の両額とも他国の人、雲涯仙龍という同宗の有徳人による揮毫でありました。

この方は、七年ほど前にＮＨＫ大河ドラマで主人公となった越後の直江兼続がむかし建立して菩提寺となった長岡市徳昌寺の第三十一世で、幕末から明治初めごろの方であります。当山とのご縁は、龍泉

雲涯仙龍筆 旧龍泉院額字

28世 大遠虚雲さんの自賛頂相（一八五〇頃）

院第二十七世の浄心（じょうしん）和尚が長岡の出身。徳昌寺で出家し修行したことから、徳昌寺関係の文書や絵画などを沢山所蔵しており、雲涯さんから二点の額字を書いて貰ったとみて間違いないでしょう。ただ、両額の揮毫は明治十年七月の時でした。本堂の額面は染谷小兵衛（こへえ）（現、池田定家）寄附とあり、山門額の製作は明治二十年に横浜の山口平三郎氏でした。共に大金を寄進して作って下さったのですね。

ちなみに、その時の「龍泉院」額は総欅で巾一尺五寸×厚み二寸ほどもある重量感あふれたもので、三十年程前に台風で落下した時、宏雄が単独で洗浄しペンキを塗り直し、梯子（はしご）を掛けて担ぎ、やっとの思いで掛け直しましたが、重量三十キロもあるものをよくもまぁ独りで担いだと、今はウソのような思いにかられます。山号額の方は、山門建替の時に取替えました。

現在の山号額は『普勧坐禅儀（ふかんざぜんぎ）』など道元禅師の真筆からの「集字（しゅうじ）」、寺号額は本堂建立の永平寺貫首猊下、秦慧玉（はたえぎょく）禅師の揮毫であり、宗門寺院の中でもあまりない最高級の両額が揃っております。古い旧額二枚は勿論宝蔵の中に大切に保管してあります。

また、さっきの雲涯仙龍さんは、明治六年に寺の什宝物を残らず書き上げた『当山常在宝簿』に跋文（あとがき）を書いています。当時の当山二十七世浄心和尚と仲が良かったのでしょう。当山に何日も泊って仕上げたに相違ありません。ありがたい方ですね。（附録参照）

5　近世の龍泉院境内

近世、つまり明治以前の龍泉院の境内や建物がどんな風であったかについては、精しい地図も記録もなく、精しい事は不明です。でも手掛りは皆無ではなく、この本の表紙（『沼南の宗教文化誌』も同じ）が第一の資料であります。この表紙写真をよくご覧ください。

この写真は、明治五年（一八七二）に描かれた東葛印旛（とうかついんば）大師組合の八十八ヵ所巡拝道案内図中の龍泉院部分のアップであります。描いた人は未詳ですが、全体的に写実的な事は、私がここに描かれている他の寺社・伽藍を何度も訪れた際に、それを実感し驚嘆していたことからも、まず間違いありません。すると当山も、ほぼその当時の情景を実証していると見て、まず間違いないと思われます。

具体的に見ます。本堂の絵は七間半四面ですが、向って右側（右室中（しつちゅう））は奥行きが二間短くて庫裡に続く、いわゆる曲り屋（まがりや）でした。その庫裡はほぼ描写通りです。何といっても、昭和四十一年まで私はここに寝泊りしていたのですから。次に本堂前の左の建物が観音堂です。天保十年（一八三九）の創立から、まだ新しかった頃の図です。山門は古いですが、四脚門で両袖が付いています。鐘楼も古いながら立派で大鐘が下げられ、ゴーンと大声が聞こえてきそうですね。その周辺の白色は大きな桜の木が植えられていたのでしょう。

山門の左側では絵図の破損で判然とはしませんが、納経塔（現存）は立派で、稲荷堂と妙見堂らしき建物が背後に控えています。特筆すべきは境内を見下す如き大松の勇姿であり、男女二名が両手を上げてこれを仰視し、側にはその由来を書いた立札まで立っています。図の著者も大きく「相馬公手植松」と説明書きをしているからには、よほど目立つ大松だったのでしょう。『東葛郡誌』に、龍泉院には相馬小次郎手植えの松があり布佐（ふさ）（我孫子（あびこ）市布佐）の台から遠望できる大松だ、と記載されているのが、これに該当するのであろう。しかし、それでは裏墓地の「開山松」との関係はどうなのかなどの疑問も出ずるが、昔は古松が沢山存在していたと理解しておきたい。

いずれにせよ、当該の絵図は二十六世隠山は知っていたものばかり、二十七世浄心は知るものと知らぬものがあったわけで、私としてもより身近に感じられる作品である。

6　何の情景ぞ　―洞山過水悟道図―

令和四年十月三十日で当山では洞山良价禅師の千百五十回忌を営みました。おそらく曹洞宗門で初めてだったと思います。その時、この古軸を本堂の正面に掛けて参加者に拝んで頂きました。

絵柄は、小僧を伴ったヒゲ面の修行僧が水面に映る自分に驚いている図で、宗門では「洞山過水悟道」と呼ばれる聖画なのです。

洞山良价禅師（八〇七～八六九）は、雲巌山の道場で五年の修行でも悟れず、山を下り他の道場をめざして大河を渡る、そのとたんに水に映った己の姿で、ハタと胸の迷いが消えて大きな悟りを得た。思わず高笑いをして喜びの心境を詩に託します。

「外にいくら仏を求めても、わかりません。
今ここにいる私自身こそ、ほかならぬ仏なんだ」と。

おおよそこんな意味。禅の目的は己れが仏なることを自覚し、その自覚の上に二度なき人生を十二分に活かしてゆくところにある。今、洞山はその自覚が得られたのです。後に洞山は曹洞宗の開祖になりますが、それはこの悟りがあったからこそ宗門は今日まで続いたのです。

この絵は、元の時代の原画を京都宇治の興聖寺で正徳二年（一七一二）に木版画としたものですが、現在他のどこにも伝存が知られず、当山のものはとてつもなく珍しい逸品なのです。

なぜ当山に伝存しているのでしょうか。恐らくは、前年の正徳元年に、領主の本多侯から四十両の大金が奉納されていますから、その奉納金でこの絵図と仏涅槃図（同年代）を新調したものと憶測されます。昔はボロになっていたのを宏雄が発見し、表装を新改しました。これも珍しい什宝として大切に保管しなければなりません。なお本稿は、既に拙著『沼南の宗教文化誌』にも紹介しております（一七九頁～一八〇頁）ので、併せてご覧いただければ幸甚に存じます。

7　古物を伝える明治の什宝帳

沼南の寺社には昔からの什宝類を記帳した古文書の類は、ほとんど残存していません。龍泉院には決して古くはなく、また完全ではないにせよ、一冊が残存しているのは貴重であります。昔のことがわかる根本資料ですから。

それは『当院常在什宝簿』なる一冊で、二十七世浄心和尚代であり、明治六年（一八七三）九月に浄心ゆかりの雲涯仙龍さんの跋文が付けられています。雲涯さんは「天徳山」「龍泉院」の両額字も書いて下さった方ですから、当山としては忘れてはならない恩人です。

さて、この一冊は浄心和尚の作であり、まず「仏殿常在之部」として仏像・燭台・大鐘・銭箱……など四十一点、次に「庫司常在之部」として霊簿・膳・秤・飯台・蚊帳・蒲団・階子……など四十九点が記帳され、その合間には二十九世大由などによる付記・補録が至る所に書込みされている記録簿です。

この一冊によって、当時存在していた什物や調度品のすべてが分かると同時に、既に失われて現存しない物も分かるのが、とても有難いというべきです。例えば、戦時中に供出したもの、昭和二十七年に盗難に遭ったもの、長い間に損亡したもの等々、であります。私が本冊によって知って最も有難かったものは、すでにボロボロになっていた仏涅槃図や十界之図（地獄図）が書上げられてあり、また「磬子付机」が十九世代とあり、「大鐘十六世代」とみえ、「仏餉銅器十四世代」「釈迦如来小像十五世新添方丈内仏也弐躰」などの記録（みな現存）であります。これらの古記録は、ほとんど他の古文書や金石文にも見当たらない点、只々有難いの一語です。本書は従来すべて未公開ですから、本冊末尾に付録として初公開しておきます。これで云えることは、とにかく寺院の物品には記録を残すこと、それは自分の為にもなり他の為にもなる。特に寺の什宝は必ず施主があるのであるから、必ず時期と名称を残す事は、その時代における管理者の義務であるということであります。

8　高祖大師一代図

これはまた二本の掛軸に一僧の生涯をギッシリと木版四十八面の切画で示した絵画です。年代は書かれていませんが、曹洞宗門では宗祖道元祖師（一二〇〇～一二五三）の六百回忌の際に永平寺でこれを作成したものとされていますから、一八五三年頃に木版印刷された由緒ある一代図で、今から約一八〇年ほど前の作品であります。

道元さまは京都の公卿、久我家で生を受けましたが、幼少のとき両親と死別し若くして出家。比叡山で天台数学、京都で臨済禅などを学んだ末、中国に渡り禅宗を修行し遂に天童山の如浄禅師から曹洞禅を受法。帰朝して京都に興聖寺を開創し、更に越前の山中に永平寺を開き釈尊正伝の仏法を広宣しますが、五十三歳でご遷化。その一代を示した絵伝です。

有難い事は、この軸物の裏にみえる墨書です。それは龍泉院が当地の本多氏と密接な関係があり、正月には藤心の代官所倉品氏の所に挨拶に出頭していたという貴重な墨書記事です。これは他にはない記録であり、とすればこの軸一対は倉品氏からの奉納物件ではないか、との憶測がなされます。真相はもとより未詳ですが、記録の重要なことは本紙片からもいえることですね。

なお、本稿は私の追憶で書いたものですが、史実でした。その概要は拙著『沼南の宗教文化誌』一―20に詳述されています。併せてご覧いただければ幸甚に存じます。

9　十六人の修行者―十六羅漢図―

当山の客殿床の間によく掛けられている絵図ですが、これは十六羅漢図といって、古くから伝存しているものです。原図は龍ヶ崎市の神龍寺という曹洞宗寺院にあって、一人ずつ別々の掛図十六幅から成る古画であり、国の指定文化財ということです。私は原図を見てはいませんが、道元禅師（一二〇〇～一二五三）には羅漢さんに関する著述もあるなど、羅漢さんとは関係が深い事から、明治期に原図を縮少して一幅に集め、これに彩色して十六羅漢図としたものとされています。

羅漢とは、元来は釈尊のもとで修行をしている人の事を阿羅漢（あらかん）といったことに依りますが、五百羅漢（インド）・十八羅漢（中国）などさまざまに表現され、日本は一般に十六羅漢です。ただ全国的には五百羅漢を祀る寺院（例・盛岡市報恩寺）も幾つかあって、禅宗とは密接な関係があります。

なぜ禅宗と関係が密接なのかといえば、羅漢は小乗仏教の戒律を守って極楽往生した者は、阿羅漢になれるとされているのに対して、禅宗の教えでは、自分自身の修行いかんによってやはり仏になれる（即身是仏）という儀則を持っていることが共通するからであります。他の宗派ではこうした事はいわれません。

羅漢の容姿は、髪は丸刈りで服装は上半身裸体か、布を斜めに掛けて肩で結んだ形をとりますが、他の姿勢はまったく自由で、表情もさまざまです。私は中国で大徳利を手にして喜んでいる「酔羅漢」を見て、こちらが大笑いしたことがありました。

日本では昔、子供の遊びに、円形に集って耳をつまんだり鼻を押さえたりして、「羅漢さんが揃ったら廻そじゃないか、ヨイヤサイノヨイヤサイ」との言葉を合唱してぐるぐる廻りする「羅漢廻し」という遊びがあったのも、それだけ一般庶民に親しまれていたからでしょう。

当山の掛軸は、いつ誰が入手したのか何の記録もなく分かりませんが、他の什物類から推せば、やはり二十六世か二十七世の時代に需(もと)めたものかと思われます。私の代に表装替えをしましたが、どんな物にでも必ず記録をするのが大切な事を思い知らされますね。

10　月舟さまの修道心得書

月舟さんといえば、宗門人で知らない人はない。だが何故有名なのかといえば、この方の書いた額を掛けておけば火災に遭わない事から知られている。たしかに、宗派を問わず、大きなお宮にまで月舟さんの額を目にすることがある。でも、それはけっして月舟さんの本懐ではない。

月舟宗胡(そうこ)は江戸時代初期の出身で、後に金沢市の大叢林(そうりん)である大乗寺に住持して、多くの秀逸な禅指導者を打出した。卍山道白(まんざんどうはく)と徳翁良高(とくおうりょうこう)は最も有名である。徳翁は我孫子(あびこ)市中峠(なかじょう)の正泉寺住持の時、龍泉院へも来山した筈である。月舟は、こういう逸材と共に「宗統復古」という大仕事をやり遂げた。

「宗統復古(しゅうとうふっこ)」とは、師匠と弟子が正しく仏法の正脈を受け嗣ぎ、それを代々後世に相続させてゆく事である。曹洞宗門は中国以来の伝燈をを重んじながら、日本ではこの伝統が乱れ、寺の伽藍の大小に左右されるという悪弊がはびこっていた。これを正規の宗教的本流に戻す為に、月舟たちは幕府に訴え改めさせたのである。

当山にある月舟さんの墨書は、宏雄代の入手であるが、額字のような大書ではなく、禅門修行の本筋を教示した細字の心得である所に、この方の本領を知るべき価値がある。この軸物も大切に保管しなければならない。

11　謎の青面金剛掛軸

もう十年以上も前になるが、当山で庚申講の供養が行われた。今どき庚申講という講が行われること自体全国でもごく珍しいことである。

一組の庚申絵図

ところが泉の庚申講は中世からの古い歴史があって、ムラの鎮守さまの御神体を奉納したり、他の重要な行事を行ってきた。（拙著『沼南の宗教文化論集』十七～十九頁参照）。供養は七年目ごとに継続して行われている。

右の最新の供養が終了した時、世話人さんが供養に祀った二組の庚申掛軸の箱を差し出して、今後はお寺で預かってもらえないか、と云われたので、お預かりして現在は宝蔵に収めて大切に保存している。コロナ感染のあおりで講も中断したままであり、従前のような供養も行われないとすれば、永久保管となろう。

さて庚申の絵図青面金剛としては、特別に際立った特長もなく、ごくありふれた普通の絵図で、日月や三猿を伴うが、年号などはない。しかし、主尊の青面金剛はもと道教の不老長寿の法で、庚申の夜に「三尸」が主人の悪事を天帝（北極星）に報告する、その天帝であるから、これを防ぐ為に夜明しをするのが庚申(かのえさる)の行事とされる。

すると、泉の妙見信仰も北極星の神格化に対する信仰で、鳥びしゃとも関係してくる。このように、庚申―妙見さま―鳥びしゃが、千葉氏―相馬氏の北極星信仰に関係していることと結びついてくるようだ。もう一つ、別掲の「子(ね)の神権現」も同じかも知れない。このように古代の信仰は芋づるのように見えないところで結びつき連なっているのかも知れない。今後、まだまだいくらでも検討・考究すべきテーマがある。だから地方の宗教文化の研究は重要なのだ。

12　月静が描いた百観音大軸

観音堂の床の間に掛けられている大きな絵図。このお堂に祀られている百観音の原物を写実的に縮少したものである。年号は未詳だが幕末ごろか。絵師は一縁斉月静。

当寺の百観音は、天保九年(一八三八)に当寺二十五世正殊鉄眼和尚が、泉村で火災が頻発して疲弊していたのを信仰の力で救済を志し、泉村ほか三〇以上の村々から共賛を仰ぎ、翌天保十年に本寺、上総国真里谷(まりやつ)真如寺達山を請招して開眼したもので、県下唯一の石造百観音とされる貴重なもの。

これを期として観音経を奉読する普門品読誦講が出来、毎月九日に行い十年間で十万巻を奉読。その記念が門前に立つ長大の読誦塔で、文政五年(一八二二)に二十六世隠山顕之(いんざんけんし)の造立。(拙著『沼南の宗教文化論集』参照)。

さて掛軸の絵は、全国の百観音（西国三十三ヵ所、秩父三十四ヵ所、坂東三十三ヵ所）をかなり写真的に描き、山川地理の状況も詳しく描写しているし、巡礼する人も各地に散見される。筆写した年号は不明だが、幕末から明治初年ごろであろう。絵師は一縁斉月静。全国的には有名ではないが、この人の描いた作品は沼南にもう一幅あるから、さして遠方の人ではないだろう。

なお、寺には全く別人の画いた百観音がもう一幅あるが、それと共に年代調査など、まだなすべきことは少なくない。

13　大人も恐れた「十界図」

「十界図」とは、元は仏・菩薩・縁覚・声聞・天上・人間・修羅・餓鬼・畜生・地獄という迷いと悟りの世界をいい、生前の行為で赴くという。特に有名なのが地獄図で、日本では最古の平安末期のものが高野山にある。地獄図は一名十界図ともいい、沼南にも沢山あり、特に藤ヶ谷持法院のものは、独特のユーモラスな絵で風変わりである。

龍泉院のものは、最上部に閻魔大王はじめ中国官服姿の十裁判官が居並び、死者の罪状を調査・査定。下部は半裸か全裸の人間が、三途の川・奪衣婆を脱し、生前の罪状により針の山・血の池・抜舌・百棒などを鬼から受け、更に首枷・釜茹でなどの責苦を受け、ありとあらゆる苦しみの図が描かれる。ただし中ほどにこれを救わんとする地蔵尊も見られる。

昔はお施餓鬼の日にこの大きな地獄図を掛け、大勢の檀信徒に見せ、この様な罪苦を受けぬように善業を積むよう説法をしてきたのである。惜しむらくは、そうした状況を伝えてくれる古文書は残存していないが、これだけ大型の図の中に様々な地獄の状態が描かれているからには、見る者をして大いに戦慄させたことは間違いない。お施餓鬼に参列するものは昔からほとんど大人であるから、恐れをなしたのは大人たちであったであろう。

ちなみにこの「十界図」は明治六年の『当院當什宝簿』によれば「廿七世新添」と記載され、浄心和尚代に新たに描いてもらった什物なることが知られる。筆者は不詳である。が、比較的近辺の絵師であると思う。私は全国で百点ほどの「十界図」を見ているが、当山のものは普通の技法とみてよい。恐ろしく怖いのは、何故か東北から北部に多く、戦慄が走るようなものが珍しくない。

14 百観音の像容

龍泉院というお寺は、決して大寺ではなく、農村の貧寺に過ぎない。それでも県下唯一のものが二つある。一つは坐禅堂、もう一つは石造りの百観音である。坐禅堂建立はまだ平成二十四年であるから珍しくは無いが、百観音の造立は天保十年（一八三九）であるから、今から一九〇年ほど前であり、もう珍しい什宝といえよう。いずれもすでに『沼南町宗教文化誌』（一―15「百観音を刻んだ石工利助」四十一～四十三頁）その他に公表しているから、その梗概は知られているのであるが、百観音の造容などには面倒な問題があるので、ここでもう少し詳しく説明しておきたい。

百観音が奉祀されたのは天保十年十月で、泉村で災害が頻出して疲弊していたのを、時の二十五世鉄眼和尚が発起し、信仰の力で治むべく念願し、大勢から浄財を募り、一戸一体（原則）を奉納させたもの。これを期として観音講が結成され、観音経読誦が盛んになり、多くの村人たちが十年間で延べ十万巻を読誦し、その記念塔を嘉永三年（一八五〇）に門前に建立したのであった。

それはともかく、百観音といっても、いったい何観音を奉祀したのであろうか。それは西国―四国の各三十三カ所、秩父の三十四カ所に祀られている観音像で、合計百観音であることはほぼ常識であるが、ではそれらは一体どんな造容の何観音かとなると、現地を巡拝した人でも大抵「ウーン」となってしまう。これは無理もない。

京都の東寺を拠点とした真言密教は六観音像であるのに、台密と呼ばれる比叡山を拠点とした天台密教では七観音の像容なのである。そして、西国の三十三観音は比叡山系の七観音で坂東は十一面・千手・聖観音だけの三十三観音、秩父はもっと複雑で、聖・十一面・准胝・如意輪・千手・馬頭の六造容から構成されているのです。いかに面倒で複雑な構成であるかが分かるでしょう。

しかし、こんな複雑な構成の像容等を覚える必要などは、まったくありません。要するに、この寺には百体の石像が一体一体湛然に刻まれ、霊魂がこめられて熱心にお参りする人にはそれなりの功徳がそなわる、それだけでよろしいのであります。仏像や儀礼には昔から儀軌というものがあって整然と定まっていますが、すなおでまじめな信仰はそれに優ります。ちょっと難解な事かと反省します。

15　何を思う如意輪観音図

沼南の金石調査の時、墓石は勿論、念仏講・十九夜講・子安講など女性関係の石塔には、如意輪観音さんが彫りつけられているものが圧倒的に多いことを知り、文字通り一驚しました。この観音様の表情が柔和で優美だからでありましょう。

当山のこの如意輪さんも同じです。年代も何講と書かれていませんが、仲々優美な仏さんであり、かなり昔から女性の講中の時に掛けられ、礼拝されてきたものに違いありません。講名をちょっと書いてもらいたかったですね。

如意輪観音という観音さまは、多くの手、または二本の手を持っていますが、そのうちの一本の肘を膝に突いて、その手先を頬にふれています。触れる手先は、指先か手の甲か掌ですが、当山の絵は二手

龍泉院の如意輪観音絵図
（1988 年 7 月 1 日）

像であり、右の膝を立てて座ったお像であり、左手には蓮華を持っています。見れば見るほど優美ですから、かなり優秀な仏師の作品と思われますので、何の記録もないのは返す返すも残念です。きっと、何百年も前の十九夜講の供養時にでも新調したものでありましょう。

私は全国の主要な寺院の文化財調査を永らく行いましたが、秀作の仏画が無造作につづらの中に埋もれていたり、何十年も手に触れられず、埃だらけになっている状景を多く目にしてきた。それだけ過去には多くの作品が作成されていた、つまり民間信仰が至る所で盛んであったことを物語るものであろう。埃だらけになって凄い秀作を見出すのは、それこそ私たちのホコリでした。

16　坐禅の澤木興道色紙

三十センチ四方ぐらいの小さな紙片に雄渾あふれる達筆な文字、これがあの坐禅の権化（ごんげ）といわれた澤木興道老師の揮毫（きごう）である。一昔前に私が入手したもので大切にしている。老師は坐禅・坐禅・坐禅と、坐禅一筋の生涯を貫徹されたが、教学的な素養の深さも尋常ではなく、また毛筆もよくされた方であった。以下、老師について若干を紹介しよう。

私が駒澤大学の仏教学部に入学した時、坐禅は必修であり、澤木老師が指導されていた。当時の旧坐禅堂に入った時、私に割振られた単（たん）（坐禅をする席）は、なんと老師の向単であった。足を組んだトタンに「動くな！」雷が飛んできた。これが私と老師との初顔合わせであり、以後は短詩や短語のご説示に、一年間は感響の連続。以後は折りにふれてのご説示に完全に陶酔させられ通しであり。老師の有名な喝句「お前達から色気と食気を抜いたら何が残る、残るものがあればそれだけが本物だ！」は何度直接に浴びせられただろう。

　老師は昭和四十年に満八十五歳で遷化（せんげ）されたが、残された多くの著述や墨書類は恐らく永遠に不滅であろう。当山の色紙は短い七言だけであるが、眺めているだけで老師の相毫や活声が伝わってくる。私にとって老師は紛（まぎ）れもなく坐禅の恩師である。老師なくして当山の参禅会五十年などはなかったであろうから。色紙は小さいが、影響は偉大である。

> 澤木興道は、真の宗教は、「無功徳」であることを教えてくれた。真実の宗教は無功徳でなければならないし、人間の生命活動のぎりぎりは本来、無功徳なものである。
> 金も名誉もいらぬ、ただ真実の仏法に生き、何にもならない坐禅に一生を捧げた男が、澤木興道である。この無功徳、無所得の宗教は常人のできるものではない。この常人のできないことをやったのが澤木興道である。
>
> 酒井得元「澤木興道聞き書き」（講談社文庫639一九八四年六月初版、の鎌田茂雄「解説」八一頁から二八二頁）

> 人から　拝まれるこの坐禅の姿勢は
> たしかに　凡夫の姿勢ではない。
> 仏だ　仏だ　仏だ
> 仏になれる　この坐禅こそ
> 人間のできる　ことのなかで
> 最上等の　ものではないか
> そういう　考えが　出てきた
>
> 酒井得元「澤木興道聞き書き」六五〜六六頁

坐禅は　あたかも
武士が　三尺の秋水(ときがたな)を　引き抜き
身構えていると　同様に
真剣な　姿である
これ以上　真剣な姿勢は　ありえない
どんな人間でも
一ばん尊いのは
その人が　真剣になったときの
姿である
これが　わしの一生
坐禅に　供養させるようになった
因縁(いわれ)である

酒井得元「澤木興道聞き書き」六七頁

17 誰が書いた－豊洲文庫－

新蔵の宝蔵内に「豊洲文庫」と書かれた桐箱が納まりました。中身は和書の冊子が七十冊。誰がいつ書いたものでしょうか。

実は宏雄の祖父で椎名大由(だいゆう)（一八五九〜一九三五）の著作・記録・日誌・雑記の類です。大由は、江戸本郷の阿部邸内で出生。阿部家は広島県福山六十万石の藩主で、老中阿部正弘が有名。その何代目藩主かの藩士太田藤蔵の子。縁あり松ケ崎(まつさき)（柏市）で育ち興陽寺（我孫子(あびこ)市白山(はくざん)）で出家受法。明治十年、十八歳で花野井(はなのい)（柏市）大洞院に住職。明治末年に龍泉院に転住し二十九世を嗣ぐ。青年期には両大本山で修行し、二松学舎(にしょうがくしゃ)と宗門の大学を卒業し、なお京都で仏教と漢学を熱心に修学した。

両寺に住職の間、教区や宗門の学術方面に貢献し、多くの文筆活動をなし、私塾で教えた漢学教授の門弟数は二千という。また大正五年には県下最大を誇る四八八名の戒弟を集めた大授戒会を行修した（別掲）。

昔、京都で書いた豊洲文庫の筆写

大由はまた農耕・養蚕・茶園を精力的に営み、三人の男子を大学に出し、柏・我孫子の地域には多くの詩文を遺した。冊子や文書の類三百以上の整理は難渋であったが、ようやく文庫に纏めたのである。

諸記事中、「佐倉郡庁新築文」（佐倉）、「巻石堂医院開業祝辞」（柏）、「蚕業記念碑銘」「新道記念碑」（共に我孫子）などは近郊のものとして注目される。特に末尾のものは現在ＪＲ我孫子駅前に立石されている。

大由は博覧強記の逸材ながら、村人たちに仏教・漢学を平易に教えることに甘んじ、昭和十年四月に永眠した。宏雄はその前年の生れであるから、残念ながら祖父大由の記憶は無い。父母や他からの話や遺作により偲ぶばかりであるが、私よりも俄然優れていた事は間違いない。

18 阿弥陀如来像と胎内文書

地元の年配者なら、「オヤ、見たことのある仏さんだワイ」と思うでしょう。その通り、むかしの観音堂（大悲殿）に祀られていた本尊の阿弥陀如来さんです。でも、この仏像は通常の仏さんではなく、とても珍しいのです。なぜなら、この仏像の作者と、その家族全員の息災を祈願した紙片が体内に遺されているからで、全国的にも数少ない遺存例なのです。

その「胎内文書」は昭和五十年に修理した時に見つかりました。次の通りです。

「文政二卯閏四月吉祥日
当病平愈／為家内安全也
奉再興阿弥陀如来
大仏師杉山林哲　五十才
下総国相馬郡押戸村　妻なを／三十八才
娘なみ／十九才／倅常吉／十五才
同民五良／十一才／同友吉／七才」

つまり、この記録は杉山林哲という仏師が文政二年（一八一九）に修復した時、家族全員の名を書いて無難息災を祈願したものです。この人を調べると、押戸村（利根町押戸）の人で、泉にはこの人の作が沢山ありますし、寺にも同じ文政二年作の〝子安地蔵〟が現存しています。泉とは縁戚関係があったのかもしれません。

この阿弥陀さまは製作年時は分かりませんが、明

昔の大悲殿本尊さま
（1980 年 10 月 12 日）

治十年（一八七七）に修理したと像の底部やお厨子に書いていますから、推定ながら製作はそれより百年ほど以前、つまり江戸時代中期の作品とみてよいでしょう。現在はどこにあるかといえば、新築された宝蔵の中階に、ここの本尊として安置されています。ちなみに、右にあげた〝子安地蔵〟さんは、現在は客殿に飾られて、いつでも拝せます。このように、どんな仏像でもお寺の都合によって場所が変ることは往々にしてあるものです。

19　弁栄画子安観音図

〝大正時代の法然聖者〟と称えられる山崎弁栄聖者の遺作が、龍泉院にはかなり伝存しています。そのわけは、泉地区には親戚や縁者が多かったから、といわれています。ここでは秀作の「子安観音」さま。

薄い描写なので鮮明ではありませんが、雲に乗った観音さまで、左手でやさしく幼児を抱き、右手は横に柔かく伸ばした像容です。このお姿は「子安観音」や「慈母観音」と呼ばれ、衣装のヒダが多く、美しい線で荘厳さをかもし出しています。向かって右側の下に見える落款は「仏陀禅那弁栄印印」であり、「仏陀禅那」はインド語からの訳語で、「仏教僧」という意味。泉では昔から子安講（十九夜講）が盛んでしたから、あるいは講中が聖者に描いていただいたとも考えられます。

沼南でも若い人は聖者を知る人が少なくなりましたので、以下さわりだけのご紹介。

聖者は安政六年（一八五九）に鷲野谷の旧家、山崎嘉平家にの長男に生まれ、幼名は啓之助。父の嘉平は、〝念仏嘉平〟と言われるほど念仏信仰に篤い人。啓之助は五、六歳のころ近くの善龍寺(西のお寺)に行き、廣瀬堅信（後に真言宗豊山派管長）から漢籍や仏典を修学。二十一歳の時、地元の医王寺で出家得度し、弁栄の名を受けた。

のち松戸市小金の東漸寺で修行し、また東京芝の増上寺福田行誡に師事して念仏と学業に専念。明治十五年八月には医王寺薬師堂にて三週間断食称名。また筑波山で念仏三昧の修行をし、東漸寺に帰って大谷大康から伝法相承。のち三年をかけて一切経読破。同十九年には松戸市五香の説教所を善光寺とし、ここを拠点に精力的な布教活動を開始。得意の書画で結縁を広め、特に米粒に書いた名号から「米粒上人」と敬慕される。

　明治二十七年にはインド・セイロンを日本人としては最初と言われる仏跡参拝を行い、その時に将来した菩提樹三本のうち、一本は龍泉院本堂前に植えました。他二本は京都と新潟といわれます。また、現地で模写した「釈尊成道之図」は石に刻石して菩提樹の木の側に立石しました。この図の初刷拓本については別掲紹介しました。

　聖者はまた仏教と学問教育方面にも尽力され、東京の大正大学の創立には大きく寄与せられ、また時宗の大本山無量光寺（相模原市）の住持をつとめ、光明学園を開創しました。大正六年には関西方面から長路伝道の旅に登り、過労と寒さを長野では持ちこたえたものの、暮の十二月四日、新潟県柏崎市の極楽寺で大勢の信徒に見守られながら遂にご遷化されました。行年六十二歳でした。

　なお聖者については、拙著『沼南の宗教文化誌』一－27「稀世の高僧　弁栄聖者」66～67頁を併せてご覧いただければ幸甚です。

20 渡邊玄宗禅師七言二行書

　渡邊玄宗禅師（一八六九～一九六三）といえば、戦後における曹洞宗大本山總持寺の名禅師として広く知られていた方であります。この七言二行の書軸は、宏雄が大好きな言葉なので入手したもので、沢山の書を遺された禅師の書としては、他にほとんど見かけません。

　揮毫された文字の読みは、

彌若為法不惜身命山／
河大地亦為彌不惜法／大乗玄宗印印

であります。その意味は、「お前さんが仏法のために身命を惜しまない態度ならば、大自然のすべてもまた、お前さんのために仏法を説き明かしてくれるのだ」と。つまり必至で仏法を求める者には、必ず大自然がそれを教え示してくれる。というのであります。まさに禅の指導者らしい厳しい教示と、その指導を受ける修行者の絶対信頼の姿勢とが伝わってくるような感じがしますね。

禅師は明治二年、現在の新潟県長岡市の生まれ、二十四歳で出家し、曹洞宗の僧となります。宗門の各地で修行したほか、比叡山に上って天台学、鎌倉の円覚寺で臨済禅なども広く修学しました。後に北陸金沢市の名刹である大乗寺に住持し、戒律と坐禅を重んじて世に知られ、戦争末期の昭和十九年に七十六歳で總持寺第十六世の貫主に就任。

禅定家として行績を上げられたほか、求められて北海道など全国に十三の新寺を開創されました。昭和三十八年、当時で九十五歳の天寿を全うされました。禅師は学歴などはほとんどありませんが、坐禅一筋の弁道を生涯つらぬかれた稀有（けう）の禅定家であり、その門下からは錚々たる禅哲人材がうち出されています。右の二行文字も、誠実あふれる中に流れるような良い文字ですね。

21　葬斎で祀られた三幅対

三つで一組の掛物になるものを「三幅対（さんぷくつい）」といいます。当山のものは、宗門の高祖道元さま、当寺開山量指長英和尚、それに十三仏の仏さま、これが一幅ずつで計三幅対になります。宗門のお寺なら、昔はどこにでもあって、葬儀の時はこれを柩（ひつぎ）の近くに飾り、死者を良い所に逝かれるよう導入して下さった仏さまたちです。

だから昔はどこでもこの三幅を飾ったのですが、

昭和の末ごろからなぜか用いなくなりました。十三の仏様とは、釈迦・弥陀・薬師・不動・観音など、日本仏教で最も信仰される十三の仏さんであり、お念仏は普通は十三念仏といって、様々な仏果・功徳をいただくため、これら十三の仏様に対してお唱えするものであります。

昔はおそらく〝六道箱〟と対になって扱われていたのでしょうが、いつしか別個になって伝来するようになりました。

今日では葬儀の時は業者がすべてを扱いますので、こんな古い遺物は等閑視されています。龍泉院のものは作者も年代も不明ですが、宏雄代にはまた別個に納入しました。いやしくも、檀家にとっては先祖累代が祀られたものであり、お寺にとっても開山さまは七七〇年前のお姿を何回も転写してきた筈ですから、どの一幅もみな重要な遺品であります。

宝蔵は、こうした遺品保存の為に建立し、本当に良かったと思いますね。

22 隠山筆三国傳燈祖師図

釈尊から次々に仏法を伝授して来た祖師の数は、私まで八十四代である。これを当山二十六世までのうち最重要とみなされる十代の祖師だけを抽出浄書した〝祖師図〟である。

すなわち、迦葉を筆頭に、日本初祖の永平寺道元禅師・總持寺瑩山（けいざん）禅師、その系統に当る了庵慧明（えみょう）師、そして龍泉院の本寺である真如寺（木更津市真里谷（まりやつ））ご開山を経て、同寺第六世で龍泉院開山量指長英和尚、その第二十六世隠山顕之（いんざんけんし）和尚までを、一幅の掛軸に書写し各命日を記す、多分命日ごとに読経供養したものであろう。

こういった仏祖図で伝来するものは大変に珍しく、宗門で作成した『曹洞宗文化財調査目録』の関東管区篇では本図が口絵写真に収録されました。当山の軸物では唯一点だけです。

それにしても、隠山さんはこうした掛軸を遺したとはエライ方だったと改めて感銘します。各仏祖の名称を書いた文字もまた雄渾です。別に紹介した「待道大権現」の項でも書きましたが、この方は当山歴代の住持の中でも、不世出の突出した優秀な方だったに違いありません。おそらくは、他にも表に現れない勝事を多く実践されたのでしょう。記録が不明なのが残念でなりません。なお、本項の「祖師図」は拙著『沼南の宗教文化誌』の口絵にも掲載してあります。

23　珍しい穴風外の山水画

宗門人でも昔から絵の達人は沢山いましたが、風外といえば知らない人はないくらいであろう。ただし、風外には二人あり、古く江戸の初期の「穴風外」と近世中期の「凧風外（たこ）」という別がある。作風も違っていて、前者は達磨の絵を得意とし、後者は禅画一般に賛語、という相違である。どうして「穴」と「凧」というのかといえば、「穴」は風外慧薫（えくん）で、生涯を穴倉の中で暮らしていたからの呼称であり、「凧」の方は絵の落款が凧のようにニューっとしていたことから呼ばれたとされ、本名は風外本高である。

居住地については、穴風外は今の神奈川県と静岡県が中心、凧風外は愛知県豊橋市中心という違いがある。凧さんの方が時代も遅く作品は多いから、昔から所蔵者も多く、したがって研究や考察も少なくないが、穴さんの方は数量が少なく伝記等も不明であったが、嶽林寺（群馬県みなかみ町）鈴木潔州老師などによって、十年ほど前に画期的な研究書が刊行されて、不明な点が明らかにされた。

だいたい、穴風外が穴倉に住したのは小田原市成田の願成寺であって、この寺は昔から河野一族（一郎―洋平―太郎など）の菩提寺であり、立派な達磨画も伝存している。ただし達磨画にはみなゴシャゴシャとした賛が付けられているのが特徴である。これに対して龍泉院の画は山水画であり、全く趣を異にするものであり、あまり他に例をみない稀で珍しい作品である。宏雄代の入手であるだけに、今後なおよく検討を加え、その真価を確かめてみたいと思う。

24 隠山が書いた待道権現本尊

当山の待道講は昭和末年をもって堂宇を建て直し、講の方もこの時をもって、約百二十年の歴史に幕を下ろしました。でも、まだ昔からのお堂はそのままですし、盆正などにはお参りする方もおられます。

ここに掲げた雄渾な墨書は、この待道講を行う時の本尊さまとして書かれたもので、当山二十六世の隠山顕之さんによるものです。隠山さんは、山門前に長大の「普門品拾萬巻供養塔」を建立された方でもあります。これは、その一代前の鉄眼和尚代に百観石仏を作り観音堂に祀って観音経の読誦会が組織され、十年あまりで十万巻を呼んだので、嘉永三年（一八五〇）にその全員の名と二十以上の村名を刻石して記念に立てた読誦塔であります。

隠山さんは晩年に藤心（柏市藤心）慈本寺に転住し、ここでは大般若経六百巻を勧募しています。

このように活躍した方ではありながら、隠山さんはどこの出身かもよく分かりません。ただ次の二十七世浄心和尚は新潟県の人ですから、隠山さんもあるいは、と思わせるぐらいです。住職は前任者の影響を大きく受けますから、自分一代という考えではなく、後々の事を考えて行動しなければダメですね。私など二十五、二十六世の活動から大いに発憤させられますが、現状はなかなかそれに伴いません。

なお、泉の待道講については、拙著『沼南の宗教文化誌』四―20・21に詳述していますので、ご覧いただければ幸甚です。

25　火災がないのは龍のお陰

私は幼少のころ、床の間に掛っている太筆でダダーッと書かれた字か絵か分からないこの掛軸が恐ろしくてなりませんでした。中年頃になって、これは「火伏せの龍」といわれる有名な火災除けの掛軸だと知って、調べてみて驚きました。

書いたのは、曹洞宗土浦市神龍寺の如蓮大寅さん。この方は、幕末に土浦が災害などで困窮した時、大規模な本堂の再建作業を始めて、職を失った地元民を多数雇って、いわゆる「お助け普請」をするなど、地元の為に福祉事業を行ったことで有名です。

これがあるから当寺は火災がなかったんだ

また書画の才に長じ、特に一筆で一気呵成に大書した〝一筆龍〟は、これを掛けた所は火災に遭わないとされ、大勢の人々からもてはやされ、現在なお残存が多いそうです。龍泉院のものはその中の一幅ですが、よく見ると「龍」の大字のまわりに小さな文字で「日献四海水」（日に献ず四海の水）と見え、四海（全国各地の海）から毎日水を与えてくれるというのであります。

龍泉院は創立（一二五三）から七七〇年の歴史がありますが、一度も火災に遭ったことがないのは非常に珍しい例だそうです。きっとこの龍が何度も四海の水を献じてくれたのに相違ありませんね。だとすれば、この一軸は何にも増して珍重しなければならない道理であります。

なお、本項については、先の拙著『沼南の宗教文化誌』一―21「火伏せの一筆龍」（56～58頁）を参照して頂ければ幸甚です。

26　迫力満点の巨海達磨図

達磨の絵画は世間にいくらでもあり、ゴツイ顔に太いマユ、鋭く大きい目、などが相場である。中には白隠の作品のように、独特の太く細長い面立ちの作もある。当山にも達磨の絵は何幅かあるが、ここで紹介するのはグリグリ眼（まなこ）で迫力満点の巨海（こかい）が書いた達磨である。この掛軸は、当山の参禅会で他所に出向いて坐禅をＰＲする出張坐禅を行った時（例えば柏市の開智国際大学など）に持参して掛軸したこともある。越後長岡の出身である。

一方、私は十二月八日の成道会（じょうどうえ）には、宗門の祖師一名を毎年紹介してきたが、ある年は新潟長岡市の知人、小林将（すすむ）氏に他の事で前夜電話をし、巨海をご存じか否かを尋ねた。その答えに私は我が耳を疑ったのだ。「巨海は俗姓小林で昔は遠縁の人でしたよ」に。知らん事は人に聞け、とはこのことをいうのだ。

ともあれ、達磨はもともとインドから中国に禅を伝えた菩提達磨（ぼだいだるま）であり、日本で縁起物や玩具に使われるのは、いわば〝作り物〟。選挙前などに大量に売れる赤色の類はみな玩具で、高崎の達磨市が全国的に著名ですね。

巨海の描いた達磨は菩提達磨（ぼだいだるま）のことで、厳しい坐禅や教えを伝えた禅の初祖であります。これを区別して注意して見ないと、とんでもない誤りを記すことになります。注意、注意。

27　酒井抱一の絶品「騎牛帰家」

もう四十年も昔の昭和六十年頃、私宏雄が祖父大由の遺品を整理していた時、黒い絽の羽織を見つけて驚きました。なぜなら、その裏地に絵が縫い付けてあったからです。何か古い絹地に描かれています。これを上手に剥がして、目を凝らして二度ビックリ。

それは牛に乗った人物画ですが、その絶妙なこと。画家の揮毫は「抱一」とあります。さぁたいへん、まさか酒井抱一ではないか、と胸が高鳴りました。そうだったのです。調べてみると、酒井抱一が書いた「騎牛帰家」の図でありました。つまり、禅門でさんざん苦心修行の末、やっと探し当てた牛に乗って家に帰ると言う境地を図示しているのです。

中国で宋代に廓庵と言う禅僧が、悟りの段階を「十牛図」と言う、初歩から円熟までの十段階とした絵図と偈頌（げじゅ）（禅詩）を作り、大変な流行を見ましたが、その第六境地が「騎牛帰家」であります。姫路城で生まれた抱一は、仏教にも造詣が深かったのですね。

国宝的な酒井抱一「騎牛帰家」図
（1982年5月4日）

文化財の宝庫として知られる、東京世田谷の静嘉堂文庫には同じ絵柄がありますが、私が比較検討したところ、当山のものの方が秀作と思われます。大由和尚の入手経路などは未詳ですが、こんな絶品は特に大切にしなければなりません。ちなみに、この軸物を柏市の経師屋さんで表装替をした時、お店の看板にして置きたいとのことで、しばらく納品していただけませんでした。嬉しい思い出です。

28　良寛さんの書軸

誰にでも親しまれている人は、政治家でも金持ちでもありませんね。日本では一休さんや良寛さん。ところが一休さんは「トンチ話」の主人公ですが、良寛さんは子供に優しく親しかったところから、特に子供さんから愛好されているようです。その上、書いた文字は天下一品。誰でも知っている「天上大風」などは、ウマイと言うよりは、素朴な中に独特の暖かさと味わいを持つ、と言う意味で天下無双と高く評価されています。見れば見るほど味わいは深まり、しみじみとした暖かみと親しみが自然にわき起る。我々が書いたものとは、そこが違いますね。

所で、もう三十年も前のこと、良寛さんが書いた板切れと言うものが、新潟県の海岸に打ち上げられ、大きな話題となりました。特に、文化功労者の柳田聖山先生が、これは四川省から流れ着いたものだと喧伝したこともあって、遂に中国奥地の四川省には良寛小学校まで建てられ、柳田先生も現地に赴き話題をさらいました。

所がその後、韓国の学者某さんが、あれは韓国では単にご祈祷に使用する木札であることを詳細に証明したので、これは一時期のロマンとなりました。しかし良寛の名は中国でも広く知られ、日本でも平成の自治体大合併の時は、「良寛町」の誕生が話題になったほどでした。

こんな有名な良寛さんの書幅が、一幅当山にはあります。これは宏雄代の入手ですが、冬の寒い状景を歌った細字の短歌です。ただし、私が後に地蔵堂町（現、燕市）にある良寛博物館を訪れた時、全く同一の書幅（民間の某氏所有）が展示されているのを見て一驚しました。どちらが本物なのでしょうか？

これはしかし、無理に詮索する必要もないようです。なぜならば、良寛さんは同一の書を幾つも書いていたり、一字違いや二字違いの書跡もたくさんあって、それらの真疑を確定するのは大変困難だからであります。ですから、現状としては両者とも良寛さんの親筆として崇めてよいのではないでしょうか。

29　弁栄聖者の「釈尊成道図」

柏市が生んだ人物の中で最高の方は山崎弁栄聖者（一八五九〜一九二〇）といってよい。その宗教的人格が、この方ほど多数の人の心を打った人はいない。大正時代の法然聖人といわれるのは不思議ではない。大正大学の創立や無量光寺（藤沢市）善光寺（松戸市）の創立等は、この方の行跡の一部に過ぎない。

生涯に残された書画の類はみな神技妙筆、常人の真似も許さず、現存するものが一幅何百万もの値がつくのは当然である。

所が、龍泉院には聖者ゆかりの品々が若干伝来している。この寺は聖者縁の寺院として何度か説法をした。その時使用された前机が残る。近世の精巧な造りである。説教の直前には信者がお米と墨筆を置いておくと、説教中米粒一粒ずつに「南無阿弥陀仏」の名号などを書く。終るや信者が行列でこれをおし戴いたという。今なおこれを所持し家宝とする家もあるとか。さて、寺には別に文殊菩薩と子安観音の二幅仏画も伝存する。

平成三十年、泉の旧家秋元四郎兵衛家（元組頭）が絶家となり、家屋敷を手放した。時に元同家の生れ秋元光正氏（増尾在住）は古来の什宝散失は偲びないと寺に寄贈した（本尊、位牌、氏神、書画、古文書）。私がよく点検すると、書画中に弁栄聖者の名号一幅と寺の本堂前に立石の「釈尊成道図」拓本一枚が現存。捨ておけず早速二点を表装新添し新箱に収めて保管。

この拓本は、聖者が明治二十八年にインド仏跡巡拝を果たした時、現地で模写した画像を刻石し明治三十年に立石したもの。当の原石は震災などで亀裂し、お顔の部分が破損。所が右の拓本は初刷か鮮明です。

なおこの原石の裏側には聖者将来の菩提樹が植えられていますが、惜しくも枯渇寸前です。蘖を諸方に頒布したので、国内のどこかで育っていてほしいと切に念願をしています。

30 「新四国大師巡拝案内図」の価値

この沼南を中心とする「案内図」については、何度も展覧・公開しており、比較的広く知られている。また拙著でも解説づきで写真を掲げているとおりである。だが私は、内心この仏画一軸は将来、柏市の指定文化財よりも千葉県の指定文化財になるべき可能性のある至宝と確信するので、ここに改めてその要点と課題を記しておきたい。

まず、本物件の作者（筆写子）は不明である。かの山崎弁栄（べんねい）聖者と言う口碑（こうひ）もあるが、確たる証拠は無い。なるほど、裏面に「明治元年」の墨書はあるが、時に聖者は十四歳。案内図中の巡拝路、各寺社の伽藍（がらん）、川船や巡行（じゅんぎょう）人物の衣装や装束、諸方の樹木に至るまで驚くべき写実的な筆跡であることを考慮すると、いかに諸方で仏画筆跡に神技妙筆を発揮した聖者でも、十四歳でこれだけの図を画いたことには疑問といわざるを得ない。聖者の伝記には、この図はおろか、この巡行を調べたという記事も全く見当たらないのである。

本図は多くの特色があるが、㈠明治元年当時（実際は幕末に遡るであろう）の巡拝路、札所の寺社の伽藍、その境内の樹木などが、極めて写実的に描かれていることに尽きる。私は実際の札所伽藍や写真を多く対照比較して、その合致に驚いている。㈡巡拝路は決して写実的ではなく、現に巡拝している順路とは異なり、明治元年当時のものを図示している。㈢下部には順路と伽藍（がらん）以外の巡拝者が大勢描写されている。㈣上部には手賀沼が描かれ、帆掛舟（ほかけぶね）三艘が浮かんでいる。

ほぼ以上であるが、皆百六十年以上前の絵として、現在既に大きな文化的意味を持っていることはいうまでもない。拙著などでも、この辺を紹介することを企図しているが、さらに克明に調査・検討すべきか。思いつくままに羅列する。㈠近世の領首本多家には帆掛舟の設計図（文書）が存在するが、本図中のものとどう対応するか否か。㈡明治直前に一端中断したこの大師巡行を復興した願主、高柳地区左佐衛門の家が特に立派であるが、当時の同家を示す絵図や古文書との関係、㈣巡行図中に描かれる幟幡の書式調査、㈤同図中に見られる衣装や装束の調査検討、㈥各伽藍の徹底明細調査、㈦鷲野谷善龍寺にある本図写しの徹底調査、などであろう。

これらの調査を行えば、該図の価値は克明に解明されるであろう。ただこれは一朝一夕には不可能であり、新進の若い人による意欲を期待したいと思います。

31　道元禅師御詠三首一幅

道元禅師（一二〇〇〜一二五三）は、むつかしい仏道修行の書物『正法眼蔵』九十五巻をはじめ、沢山の著述を残されましたが、また京都の公卿藤原一門の出身であることから、青年期から短歌も教養の一環としていました。そこで後には『傘松道詠集』を纏め、そこには六十何首もの秀作が集められています。

あの川端康成がノーベル賞を受けて、スウェーデン・ストックホルムで「美しい日本の私」と言う題で講演をされた時、まず最初に道元禅師の歌集の中から「春は花、夏ほととぎす、秋は月、冬雪さえて涼しかりけり」の一首を取り上げ、日本の四季おりなす自然のすばらしさを語られたことは、日本人ならば大抵は知っていますね。

今ここに、その禅師のお歌三首を美しい細字で書かれ、平成三年一月二十八日に納入された方は、当寺参禅会のベテランで柏市あかね町在住の牧野洋子さんです。牧野さんは、昭和末期からの会員であり、今日まで三十数年まで会員として活躍されてこられました。

牧野さんは、山形県高畠町のご出身で、書道のご造詣は中年ごろからであり、細字が優れていることから、題材は萬葉集・古今集・新古今集などの名歌集、また俳句の名句集などの中から選び取り精進を重ね、諸方の展覧会などに出品されていました。道元禅師の御歌三首も、そうした受賞作品の中の一幅と伺っております。今は愛書者に教授もされています。

なお、三首のうちの他の二首は、「にごりなき　心の底にすむ月は　浪もくだけて　光とぞなる」と、「水鳥の　行くも帰るも　跡絶えて　されども道は忘れざりけり」であります。それぞれ禅門で大切にすべき仏心と無心の境界を詠じたものです。また、最初の川端さんが取り上げた「春は花」は、桜の花ではなく、梅の花であるところに、道元禅師の特長があることを味わうべきでありましょう。

五　椎名宏雄の生きざま

1　実のれ実のれ稲の穂よ

私が東京府立の戸塚第二国民学校から、手賀村の手賀西国民学校へ転校して来たのは、昭和十六年九月だった。この年から全国の小学校は皆「国民学校」と改称され、暮には「大東亜戦争」の名で第二次世界大戦が始まる風雲急を告げた時期だった。

東京の学校から農村の学校に移って驚いた事は枚挙にいとまなしだったが、校庭が舗装ではなく土、屋根が茅葺き、児童の大半は着物、一クラス七〇名もいたこと、トイレの汚かったこと、同一の国定教科書がやや進んでいたこと、宿題がほとんど無かったこと、ランドセルでなく布製の肩掛けショルダー鞄等。

だが、校歌は「実れ実れ稲の穂よ、伸びよ伸びよ麦の穂よ、自然の光に照らされて、学ぶ吾等は豊かなり」（記憶だけなので誤りがあるかも）が一番。

住職がタネ蒔きから漬けるまでやりました（1989年12月1日）

農村らしい歌で、作詞・作曲ともに忘れたが著名な方だったとか。ともあれ、主食の生育を願い、その中での学び舎を「豊か」と表現する。「豊か」とは満足で幸せだという表現であり、自然との合一の喜びなのだ。

　隣の農村であった風早(かざはや)村には、確か全ての寺社を織り込んだ歌があった。『沼南風土記』で見た覚えがあるが、これもすばらしい。子供の頃から寺社を身近にする、つまり宗教的感覚を育てさせるという意味で、作者は只者ではない。

　沼南地域には際立った山も海も川もない。しかし、肥沃な土壌に育まれた田・畑・山林が豊富な産物をもたらしてくれる。それは、高速道路や車輌や様々の理科化学製品と異なる、あくまでも素朴な原資である。その原資を衣食住として純粋で素朴に生きる者は、むしろ誇りとして良いのではないか。小学校時代、いや、国民学校時代の校歌から、はからずもそんなことを考えついた。

2　凧揚げとべい独楽

　正月の遊びといっても、沼南独自のものがあるわけではない。いわば全国共通の遊びに歌謡・踊りなどの伴奏がナマったりするだけの違いに過ぎないだろう。それと、すでに『沼南風土記』などで大半は紹介されているので、ここでは住職椎名が昔熱中したものを中心に記してみたい。

　主として凧揚げと貝独楽(べいごま)である。凧は市販もあるが、多くは自作した。ただの長方形なら簡単であるが、人が袖を張った形の奴凧(やっこだこ)には、個性があ

る。竹を割いて「ヒゴ」という骨を好きな形にして、糸で留め、良質の障子紙を張り、絵の具で絵を画く。その中央辺に凧糸をつけて風に乗せる。寺の前は広い畑であり、おおむね北風に乗せて南側に上げた。

凧糸は買物だが、何メートルといわずに「何円所」という。小学生当時は○円所の凧上げは羨ましがられた。価格よりそんな高く上げられる事への羨望だった。

天候の悪い日はベーごまの出番。主に桶の上にシートを敷き、上で鉄製のコマを廻して、相手との戦い。だから、コマを鑢で縁をすり鋭利にすると相手に打ち勝つ率が高くなる。コマすりが大仕事。「ごますり」ではありませんよ。

私はベーごまを沢山持っていたのだが、あれはどこにやったのやら。所詮小学生時代の遊び道具でしたから。でも懐かしい。

3 若造の結願先達

東葛印旛大師の送り大師は、昔からその大師札所の結願を務める寺院の住職が先達を努めると決まっていました。ところが昭和二十九年の泉結願の場合、その前年四月に住職が遷化（死去）したので、先達が不在となる事態になり、地元では困り果てました。

ただ、ちょうど私宏雄は、昭和二十八年に出家得度だけはしていたので、急遽先達に推され、まだ十八歳ながら努める事となり、先達付きとして野田市山崎の川鍋俊道師（当時は柏町長全寺の徒弟で七十歳位）が付き添ってくれることになりました。

先達はいくら若くても、各札所での唱導は勿論、宿では上席に座り、入浴は最初と、全て最高の待遇を受けました。

五日間の巡行中の泊り宿がどこであったかは全部覚えていませんが、第三日目は石川家（松戸市金ケ作）、第四日目は中台家（柏市箕輪）でした。中台家は中台正夫家の孫分家で、この時お嬢さんだった京子さんは、後に泉の落合正夫家に嫁し、二〇二三年に物故されました。また、石川家は通称「川越」と称し、部屋が十八もあった超大な旧家で、菩提寺の吟松寺を川越（埼玉）から連行して来て新菩提寺とし、新京成電鉄設置の時は、自宅に近い場所に迂回させて、常盤平団地を立てさせた、という昔の権勢を伝えている家でした。

　かくて私は名ばかりの先達でしたが、この大師組合の所属地を始め、巡行順序、実践行事の大半を知る事ができたのは、その後三度も同じ先達を努めるに当って大いに役立ちました。百聞は一見にしかずと言いますが、「百尺竿頭進一歩」の初先達でした。

　なお、川鍋俊道師からは、後に警索一本を自作していただき、器用な方で種々お世話になったことを感謝しています。人は若い時にお世話になった事を忘れがちですが、それで大人になれることを思わねばバチが当りますね。

4　ニコヨンの華鉄時代

　私は二十五、六歳の当時、つまり大学卒業後の三、四年は、わが人生の暗黒時代であった。なぜなら、この時期には習い事をするでもなく、ろくに勉強もせず、好きな登山もせず、旅行らしい旅行もせず、つまり追憶できる事柄はほとんどない期間であったからだ。

　なぜかと回顧するに、次の二十七歳からは大学院に入りモリモリと勉強する（？）ようになる前段階であり、この時期はまだ己れの将来を見通して確固たる針路内容を以て進んでいく事が出来なかったからである。小説を二、三点書いたが、題も忘れてしまった。

　だがこの期間、叔父祐信の世話で、台東区役所の近くにある「華鉄」という印刷会社に入り、一年近くサラリーマンを体験した。当時の印刷はタイプライターが主で、他の印刷は謄写版だった。私はこの謄写製版を覚え、一枚幾らの部銭を貰った。発注者は外務省・防衛庁（当時は庁）のものが高価で、国鉄は多紙安価だった。

時あたかも景気は最悪。早朝から靖国神社へ行き「学徒援護会」の行列に並び職にあずかっても、受ける給与は一日二四〇円。いわゆるニコヨン時代だった。これが、池田勇人総理が出て、国を工業国家に舵を取り高度成長時代を迎える前夜のあり様だった。

だが会社では稼げなかった代りに、地元では家庭教師で若干は役立った。柏町や東京で教えた子（主に中学生）がかなり増加し、まとまった収入は寺の収入より良好であった。

直姉の久子はこの頃、工務店などで働いていたが、相変わらずの病弱で活発な仕事は望むべくもなかった。だが家庭的な業務はよく守ってくれていたから思えば気の毒であった。

5　都立高校生の合宿

「都立高校の書道部、静かな寺で一泊合宿をしたいという希望がありますが、受け入れてもらえますか？」という電話を、檀家であり、当時は柏町の鰻屋の奥さんで歌人であった染谷はる子さんから受けたのは、昭和三十五年の夏でした。どうぞウチでもよろしかったら、と快諾してこれを実施したのは、同年の八月末日であった。

都立忍ヶ岡高校の書道部女子十名、引率の先生二名（男女各一）が来山。先生には本堂でお布団を提供しましたが、生徒は不要というので、皆座布団でゴロ寝。夕食と朝食は当時の観音堂の側にあった炊事場で、カマドの火を使って自炊でした。トイレは本堂室中の一ヶ所のみ。それでもよく我慢して合宿したものです。

先生の「合宿をすると、みんなグーンと腕が上がるのです」、生徒「裏庭の紫色のリンドウの花の美しさが忘れられない」、との言葉が忘れられません。

これを皮切りに、その後二回、合計三回は続きました。丁度私が大学院から帰山した時、観音堂の腰掛けで待ちあぐねていた生徒さんが、バラバラと走って駆寄って迎えてくれました。このときの写真は、二、三枚残っています。

ただこれだけの追憶ですが、私の二十五・六歳当時の体験として忘れられません。あの生徒たちも高齢ながら、まだどこかで生きているとすれば、あの薄汚いカマドで薪を焚いて食事を作ったり、古い本堂でゴロ寝をしたことを覚えているでしょうか。

6　誰のための肝試し

昭和三十七年三月宏雄は駒大の大学院に入学。禅学を専攻し、本格的な学究生活に入る。というと聞こえは良いが、学費は苦しかった。当時の日本育英会の奨学金は月額僅か一万二千円。これでは〝奨学〟にはならない。為に私は家庭教師に力を入れ、それ以上を稼がねばならなかった。

柏町内の教え子には、石上・羽鳥・小森谷・渡来を中心に十名位。地元では、石井澄子・江口家三兄弟・根本勝・落合勲・加藤某等々。

夏休みの八月夕、柏町の子供たちが集まり一泊の研修会を行った。夕方の肝試し、朝は読経・食事・作務・講話だけの単純なもの。だが、前夕の肝試しでは、本堂→お墓の開山松往復間には、様々なオバケ灯篭あり、怪物の絵ありで、度胸だめしには絶好の趣向だった。児童の感想文はまだ残っている。

その上、朝の読経の最中に、天井からなんと長さ二メートルもある大青大将が畳の上に落ちてきて度肝を抜かれた。さすがに蛇には慣れている住職もこれには驚いた。すぐさま近くの掃木で追い払ったが、これまでにない事だった。思えば、あの頃すでに築二百五十年の古本堂には、ネズミを取りに大ヘビが天井にまで上ることがあったのだ。まさにミイラ取りがミイラになったような研修会であった。

7　新米の教区長

私が曹洞宗千葉県第二教区の教区長を拝命したのは、昭和三十三年四月であった。最初の宗務所会は、その後間もなく、西千葉駅のすぐ近くの満蔵寺で行われた。所長は清水惟一師、議会議員が森田彦英師であった。他教区の教区長はほとんど六、七十歳であった中に二十三歳の若僧で、私は皆から珍しがられたものだ。

型通りの挨拶などが終わるや、同会場で宴会。すると、すぐに老僧（松葉師とやら）がお皿を叩いて「チャンチキお袈裟」を始めたのにはビックリ仰天。

その頃は、無論鉄道で往復。

四年後は千葉市北西の仁守寺。ここの住職が所長であったが、予算決算の記入方法を誤り、ペーパーは全部ご破算で、やり直しをくった。この時、私は新車に何人かを乗せていたが、帰りに市の道路中央でエンスト。困ったが、直ぐそばの車屋さんが臨時にエンジンのかけ方を教えてくれ、難なく走行し、有難くも無事に帰寺できた。以後、仁守寺行きは長く続き、みな車で往復。第十五教区の万年教区長だった広徳寺梶田清徹老師を同乗させ、よく柏駅まで送り届けたことは再三ならず、忘れ難い。その他、宗務所会（教区長会）は、千葉市内の満蔵寺別院・海蔵寺・宗胤寺が多く、遠くは存林寺（保田町）でも行われた。

教区長時代は、ちょうど私の仏青（仏教青年会、満四十五歳未満）の活動期と重なるから、県内の多数の寺々を訪問しているが、宗務所と同時に行った業務の中では、特に千葉市の東禅寺に詰めて通い教化主事の宮下陽佑師（成田市長興院住職）と共に『曹洞宗千葉県実態調査』を完成させたのは忘れる事ができない。その後あまり活用されてはいないが。

　後に仏青は創立記念号（五十周年？）を刊行しているが、創立期の状況や記事（私は沢山知っている）は稀薄であり、歴代会長の顔写真集になっているのは何故であろうか。とても理解できない。活動記事が中心の筈が。

8　真如寺と私

　若い頃は真如寺木更津市真里谷という寺名を知らなかった。交流が全くなかったからである。知ったのは、先代正雄が遷化して後、私が得度し、役員名簿に「本寺真如寺」の名を見てからである。昭和二十八年、私が十八歳の頃だ。無論、岡本素光老師の名は書類の上で知るだけで、後に駒澤大学総長になられる方など、知る由もなかった。が、書状の上では暖い感触が伝わり、良い方との印象を受けた。

　下って私が住職となり、県の曹青活動を始めた頃、他府県では、本寺・末寺の絆が濃い事を知り、同末の真光寺（市原市）、渡辺哲也師に末山会結成を呼びかけたのが切掛けとなり、真如寺へ集まり、開山忌行修となった。すでに不肖四十五歳の頃だった。これが曹青活動や真如寺の定期的開山忌実施にも波及し、以後継続する事になる。

　だが、岡本先生との面識は意外に遅く、大学卒業の二十三歳時であり、先生から優しくお声をかけて

**真如寺第６世で当寺開山の
量指長英大和尚像（1982 年 5 月 4 日）**

頂いたのを忘れる事はできない。以後、真如寺住職は何人も変り、私の事情も大きく変ったが、同寺とのご交誼は永く続き、一度は檀信徒の団参で真如寺にお参りしたこともある。その時、確か参禅会の小畑節朗さんは立派な漢詩を作って残されている。

その後、平成後期の真如寺では、十月二十四日の開山忌は如常に行われ、やがて正月末ごろの節分会も恒例行事となり、節分には一泊で末山の新年会も兼ね、現地の役員さんも出席して盛会であった。私は可能な限り出席し、真如寺開山密山正巖(みつざんしょうごん)禅師の伝記集成や、宗門にも名を残した同寺二十五世寛巌(かんがん)春登(しゅんとう)の語録二巻の紹介をはかるなど、学術的な方面を中心に真如寺には若干の貢献をはかった。

しかし、令和元年に県下に大被害をもたらした陸続台風による惨禍や引続くコロナ感染で、これらの行事も挫折したのではないであろうか。気がかりなことである。

9 『東葛郡誌』の功罪

私が中学生の頃、寺にはばかに分厚い本があることに気づいていた。『東葛郡誌』だった。開いてビックリ。郡内のことなら何でも載っているのは勿論、祖父大由(だいゆう)の談として、幾つかの話が所収されていたからだ。ああ、こんな話まで載っている、こんな事も……と驚いたものである。

後にこの本は失われ、崙書房さん辺りが復刻再版された。今私の手元にあるのはその再版本。特に興味を持ったのは、「中部村史」「名勝」「古社寺」などの項である。荒唐無稽なものもあり、どこまでも信を置けるか、よく解らない事項も少なくない。だが全体的には、よくこんな記事も収録したと思うものも多く、興味をそそるものが多数あった。

正直なところ、私が中年以後、郷土史や我が寺の歴史に高い関心を抱くようになったきっかけは、この『郡誌』によるところが多い。巻頭の写真も有益なものが豊富である。

この『郡誌』は大正末期の刊行であった。この寺にあった初版を購入したのは、だから大由か正雄であるか、或いは大由の言が多いからには寄贈を受けたのかもしれない。とにかく、名書として名高い本書から私が大きな影響を受けたことは間違いない。

思うに、現代の自治体史はほとんどが関係の深い大学の機関（史学方面）に作成を依頼し、学術的な香りの強いもの、しかも写真の数量が多いビジュアルなものを刊行する傾向が強い。それは時代の流れであろうが、右の『郡誌』は大正期にあって、各地の素朴な伝承や秘話・伝説を蒐集し、よくもあれだけ豊富な冊子にしたと驚かざるを得ない。正に時代の名著であり、各地でかかる自治体史を作成していたとすれば、わが国はまぎれもなく歴史の国だと思わざるを得ない。

10　木曽御岳と私

木曽御岳（おんたけ）と言えば、あの十年ほど以前の頂上大噴火により大勢の犠牲者が出た時のことを思い浮かべる方が多いであろう。

あれで知られたように、御岳は標高三千メートル以上の高山、かつ信仰の山であり、従来から訪れる人は非常に多かった。もっとも、現今はロープウェーの終点「田の原小屋」から上部だけが本格的な高山であるが、昔はあの小屋まで行くのが大変な基礎行程であったという相違があるのだ。

当山には、三十世守雌正雄（しゅししょうゆう）とその妻トキの両名が、夏の服装で並んで御岳登山をしている写真が残されている。かなり古いもので、おそらくは東京在住の大正期頃の写真か。

正雄は、いつどこで習得したのか判然としないが、神道（しんとう）の修行をしていた。日大の宗教学科の出身であるから、その学生時代に修行でもしたのであろうか。他にもそんな写真が存在している。御岳行はそんな神道修行の一環として、結婚後に行った時に妻トキも同行したのかと考えられる。

　私はこれに対し、柏市東葛飾高校の山岳部に所属し、一年生の時、早くも木曽御岳に登り、三千メートルに挑戦させられたのは、この高校の山岳部は昔から実績があるからという理由からであった。確かに、登り出して間もなく「清瀧」という大瀑布で経文を称えながら水垢離をする敬虔な信者たちの姿や、上部の「血の池」「地獄谷」などの景観は、生涯登山から離れられなくなった要因になっている。頂上からの下りは、なんと歩きに歩いて、岐阜県側の下呂温泉まで下ったのも忘れ難い。

　だが、年月の経過はいかんともし難く、平成末期に約六〇年ぶりに訪れた下呂温泉は、あまりにも近代化して、昔の面影を偲ぶよすがにもならなかった。どこも一期一会ですね。

11　タケノコと行商人

　四月八日の花まつりの頃、当山は桜を始め様々なお花に彩られる。そして山林の中からはタケノコがニョキニョキと首を出す、最高の季節ですね。昔から当山のタケノコは肉が柔らかでおいしいと愛好され、個人的にも食したい人や買人が三々五々訪れました。だから歴代住職は皆、掘るには大きな労力を払ったものです。

　私もしかり。タケノコ掘りは中学生頃からの年中行事であり、学校へ出かける前に何十キロ(昔は何貫何百匁)も掘るのが日課でした。道具は唐鍬・エンピ・スコップと不定ですが、終了後は必ず土を落として洗うのが決まりでした。行商人では、籠を背負って遠くへ売りに行くオバサンは籠のままで、自宅で皮をむいて実だけ持って行く人、とさまざまでした。

私が高校~大学の頃は、特に頻繁な買人の中では、あの常磐線行商組合長を長く努め、沼南では知らない人はないと言われた斉藤経吉(つねきち)さんが一番の買人でした。家では奥さんが釜で湯をわかして待っていて、斉藤さんが帰るとすぐに茹(ゆ)でる。こういう体制で斉藤さんは早足でタケノコを家までピストン運び、一と朝に三度往復のこともありました。

当山のモウソウ竹の山林は、最盛期には一(ひ)と春に三千本は生えましたが、これを一本一本掘るので、当然腰が痛くなる。私は六十代で脊椎管狭窄症(せきついかんきょうさくしょう)を患い、永く整形外科通いをしましたが、この時過去のタケノコ掘りを数え上げたら、実に三万本とわかり、我ながら唖然(あぜん)としました。これでは腰を悪くするはずですね。

現在（令和六年）は、モウソウ竹山を整理したこともあり、生える数は約千五百本ほど。それでもまだ掘るのは大変です。ですが、あの生えぎわを見つけ出した時の嬉しさは、春の風物詩の中では最高。食用でも大好きな人も多いから、まだ長く大切にしたいもの。参禅会員も皆喜んでいます（口絵）。

12　法華経の納経塔

『沼南の宗教文化論集』の口絵には、古い納経塔の写真を掲載しました。当山の前筆頭総代の石井庄衛氏の傑作であります。この塔は稲荷堂の後方に立石されている古塔です。塔の後部には幾つかの年代が刻まれて判りにくいのですが、由来や古さからみて、宝暦ごろに第十五代象山(ぞうざん)和尚が立石し、塔身（上部）に法華経八巻を納入した納経塔とみてよいでしょう。

象山和尚は稀代の名僧で、本堂（昭和五十七年再建の現本堂でなく、その前の本堂）の建立、参道の整備、山林樹木の植栽、その他沢山の功績を残された方で、その基本理念は法華経信仰にあったのです。庫裡(くり)内仏の湧出仏(ゆうしゅつ)二体も、また同経に基く仏像です。

所で、この塔に収められていた筈の経文は、すでにずっと以前から失われていました。

そこで私が新たに京都の貝葉書院に依頼し、新刷りして製本して貰い、そうした経緯を書いた銘文と共に塔身に収めた。時に二〇一一年夏であり、工事業者は石イ石材店だった。

諸経費は約十万円ほどの廉価であったが、施主は篤信家の元参禅会員北岡やすえ氏（当時は船橋市在住）であった。今後はこの塔身の中の教本が破損せぬように、定期的に清掃をしたいと思う。

13　とげぬき地蔵さんとのご縁

とげぬき地蔵さんと言えば、ああ、あの巣鴨の……というほど、東京近郊では有名ですね。正式には曹洞宗の高岩寺というお寺さんで、しかも私宏雄と先方の来馬明規ご住職とは昵懇なのであります。そのご縁を紹介します。

来馬住職は、ただの僧職者ではありません。内科の医師ですから、「医僧」という傑物であります。しかも職業柄、喫煙の害を早くから喧伝され、関係する諸方面で実践に邁進されておられます。私は江戸時代の名僧である卍山道白・面山瑞方などの大先徳が、こぞって禁煙を勧めていることを知り某書で紹介したことから、該書を目にした来馬先生がこれを大きく取り上げられ、こんな事から先生は仏教関係の伝道賞を受けられました。

先生は龍泉院に何度も足を運ばれ、一度は施食会でスクリーンを用いて禁煙を説明され、私も参禅会の小畑代表幹事兼総代さんと共に、高岩寺にご挨拶に参上したこともあります。あの賑やかな巣鴨の商店街が、先生の努力で全店禁煙にしているのを目の当りにして驚きました。

だいたい、仏教と医方は一千五百年も昔から連関しているのです。東京の駒澤大学で医学部を作るために腐心しているのも、仏教の実践福祉であります。

現代人は、もっとこうした方面の関心を高めるべきでありましょう。

14　喝！

「喝」とは、『岩波国語辞典』を引くと、①「声がかすれるほど大声を出す」、以下六例ほどの解説がなされているが、「禅宗でのはげましの声。」「…成仏せんことを。喝」という説明が最も近い。つまり、葬儀で引導を渡す際に、唱える文言の最後に発する一語である。私の寺の檀信徒は、これがいつ発せられてくるかと身構えていても、実際にはブルッと震えるという人もいる。

だいたい引導を分析すると、①戒名をいう、②故人の生前の業績・経歴・性格・特技などを讃える、③人生の無常を述べる、④極楽浄土などに導く、⑤一転語（咦・露・咄・喝など）を述べる、であるが、「喝」は最後の⑤に該当する。だから特別の意味などなく、ただまっしぐらに④の世界に赴いてくれということ。当然大きく強い声が必要となってくる。

禅門では、これらを総合して「引導香語」という。七五調だから作るのは難しい。だから初心者のために昔から参考文献としての「香語集」が作られている。初心者はこれをモデルにすれば事足りるので、皆一冊や二冊は所持している。実は私もその中の一人であり、②③④を少しずつ手直しして用いる常連であった。

ところが、それを劇的に一変させられたのは、五十歳ごろからであり、臨済宗の葬儀に参列する機会を得てからである。臨済宗の葬儀といっても、読む経典などはほとんど曹洞宗と同じだから、これは困ることはない。だが鳴物（ならしもの）は違う。臨済の鳴らし物は、曹洞とは比較にならないほど稚拙であり、迫力がない。宗風の違いなのだ。

ところが一方、引導香語は正反対である。特に⑤の一転語は、声量・迫力ともにはるかに優る。私は「これだ！」と悟り、それからは、①〜④はできるだけソラで覚え、⑤の声量・迫力に全力を集中するように努めた。その結果は全体が引き締まり、檀信徒は喜ぶようになったという次第。これ事実ですぞ、喝！

15　ホタルのやどは川ばた楊

令和四年も既に晩秋の十一月のこと、私は裏山地先のシベ（四辺？）をリハビリ散歩していた時、六十代のご夫婦連れと行き違いになった。私を見るや二人は、「この辺にはまだホタルがいるのでしょうか？」と聞いてきた。こんな奥四辺に入り込んでくる人は稀。夏でも少ないし、大体今は蛍の季節ではない。でも夏のことを聞いたんだろう、と判断して、「今の季節に関係なく全く居なくなりましたよ、昔はいくらでも居たんですが……」と答えた。これは正解なのだが、そうか、蛍はいつ頃から姿を没したのか、あんなに居たのに。そして「ホタルのおやどは川ばた楊（やなぎ）」という童謡を思い出した。

この歌は、ご承知の通り蛍の天敵は蜘蛛（くも）、だからクモの巣があるところに蛍は絶対に飛んで来ない。

至る所四辺が向寺からブチガ峠方面
（1975 年 8 月 1 日）

という自然の法則が語られているのですね。つまり、クモの巣のない川風の吹いてくる小川の柳が、絶好の生息地なのだ。だから、どんな小川でも汚染した水濠でも、水を清潔にして、柳の木を繁らせれば、いつしか蛍は巣を作るという道理です。どこの地方だかこの理法を用いて川を清めて沢山の蛍が集まり、観光地が甦ったというニュースがありましたね。

問題の龍泉院周辺には、そんな可能性を秘めている土地がいくらでもあること。方々に見られる台地と稲田との間にある四辺(しべ)には、雑草と汚水ながら例外なく水流がみられる。これらをきれいにして柳を植えるだけでホタルは帰ってくるのでは。こんな業務に厖大な経費は不要な筈だ。

令和五年正月、私は柏市長の太田和美先生に対して、おこがましくも右の実状を詳述した書状を送った。拙著二冊を同封して。女性の知識人独特の繊細な頭脳と鋭利な感覚により、従前の開発・発展を看板にする人々とは異次元の政策実現を期待してでもあった。

しかし、残念にも何の返事も頂けなかった。旧知の教育委員会の職員さんによると、市長さん宛の郵便物は毎日厖大であり、秘書課では、それらを市長さんに渡すものとその他に大別し、個人からの書信などはかなり厳選されるとのこと。とすれば、私からのものは没とされたのであろう。誠に残念至極である。

16　ケンカ友達

「太市(たいち)よ、なぜこんな早く逝(い)っちゃったんだ、あんなに元気だったのに、ノーモウ……」

令和四年十二月三日、於四兵衛(よへえ)らんとう。故石井太市郎氏の四十九日に引続く納骨行事であった。参列者は多く、百名を越えていた。だから香炉も多く、石イ石材商は特に沢山を用意していた。

現地から後ろを振向けば、石井建具屋の方向、真後を振向けば吉岡二郎君の生家（武左衛門）、前を見下せば、染谷平左衛門隠居の屋根が見える。その左側は筒抜けだから、強い北風がビュービュー。こんな地形とお膳立ての場面で、私宏雄は読経が終っても、まだ何かを唱えている。

「ノーモーサンマンダ―モトナン、オハラシャーヤァー、コトシャーヤー、ソリャーヤーソノナントージナン、トージートーエン、ノーモーサンマンダーモトナン、オハラシャーヤー」

それを知るのは、石材商兼世話人の石井等君だけだろう。

この道の左がすぐ四兵衛らんとうです
（1975 年 8 月 1 日）

「皆さん、椎名東堂さんはネェ、今八十年前を思い出して、涙ながら太市郎さんに話しかけているんです。皆さん！今少し聞いて下さい…」

「太市よ！ケンカをしたナ、毎日のように。ケンも床屋のヒサも武左衛門のジローも、みんなケンカと遊びの為に集まってきたようなもんだ。誰が強かったか弱かったか忘れたが、オレは中間ぐらいだったかナ、まあ、どうでもいいや、ヒサは早く死に、今度はオメエが……、とうとう二郎とオレだけになっちまった。淋しいなァ、淋しいョ。ほら、隠居屋の平さん（平司氏）の病気見舞には、おめえとジローをわしが車に乗せて国立ガンセンターまで行ったじゃないか。もう十年にもなろうか。ワシはあの時、貴美麿（きみまろ）のテープを持って行き、これを時々聞いてうんと笑え、笑って元気になれといった。あとでおきよさん（奥さんでやはり同級生）に聞いたら、テープを聞いて時々大笑いしていたそうで、よかった。その彼もとっくにいない。ほら、この下に見えるあの屋根の家だ。彼ともワシは何百回もケンカをした。世は無常だなァ、みんなどこに行っちまったんだろう、ノーモーサンマンダーモトナン、ノーモーサンマンダーモトナン、……」

17　高輪泉岳寺さんとのご縁

令和元年の大晦日、高輪泉岳寺（たかなわせんがくじ）の住職、小坂機融（こさかきゆう）老師は満八十五歳でご遷化（せんげ）されました。老師は大本山永平寺別院である麻布（あざぶ）長谷寺住職も兼ねておられた関係で、翌年三月、永平寺葬が行われました。宗門最高の五仏事（ごぶつじ）（五人の大導師）のうち、私は第三人目の仏事師を涙ながらにお努めしました。

高輪泉岳寺といえば、四十七士の墓所として知らない人はないと思いきや、昨今の若い人は未知なのですね。赤穂義士（あこうぎし）も忠臣蔵（ちゅうしんぐら）も知らないのです。一と昔前までは、忠臣蔵といえば、映画—演劇—歌舞伎（かぶき）など、民衆演劇では花形であり、知らない人など考えられなかったのに、今さらながら時代の推移を痛感しますね。

ともあれ、泉岳寺時代の小坂師とは大学で同級生であり、机を並べて勉学を共にしたばかりか、私が泉岳寺の第一座（首座）を努める立身という儀式を行ったり、永平寺で一緒に修行をしたり、さては一緒に何度も登山をしたり、切っても切れぬ縁であった。だからご本葬の際はこうした経歴やご縁が次から次へと憶い出され、出てくる涙を到底こらえることができないほどであった。

なお、小坂師への追悼文は、永平寺の月刊機関紙である『傘松』にその一端を掲載したが、師のご家族とのご縁などは山ほどあって、到底書き切れるものではない。不思議なことには、今こんな小文を認めている最中、泉岳寺様よりの書状が届けられ、小坂老師が永平寺承陽殿に入祖堂されることになったとのお便りである。心中さもありなんとの快哉を叫びつつ、私自身は焼香にも参上できない車イスの身であることを認め、老師の永久にわたるご冥福と後人へのご拈槌を願うものである。機融さん！永年ありがとう、ありがとう。

18　シャックリを止めた童謡

私は六〇代の頃、宗門の現代教学研究会に出ていた時、ブドウ膜炎という眼の難病を患いました。入院こそしませんでしたが、一番困ったのはシャックリが止まらなかったことです。看護師さんなどに色々教わりましたがいずれもダメ。朝から夕方まで続き、終いには喉が痙攣して苦しいこと。

モノの本によると、これは自律神経の障害と。ならば自分で治せるはずだと、まずお経を唱えたがダメ、歌謡曲を歌ったがダメ、民謡を歌ったが、これもダメ。ところが童謡を歌ったらピタリと止まった。童謡といってもテンポの早いのはダメ。

「象さん象さんお鼻が長いのね、……」や「山羊さん郵便」のようにテンポが遅くユーモラスある歌が最良です。ちょうどそのころ一百四歳で永眠した「まど・みちお」さんの作詞したような歌が良いのです。そこで法要でこれを大勢の人が集まった席でお話しした。するとどうでしょう。後に二人の方が確かにシャックリが止まった、といってお礼をいわれました。童謡には力があるといいますが、間違いないですね。仏さんの力がはたらいてくれるのです。小さい時に、自分が好きだった童謡があれば、生涯大事にしましょう。

19　只今ご臨終です

「お父さん、ありがとう、お父さん、ありがとう、お父さん、お母さんは元気だよ、お父さん、お父さん、○○も元気だよ、お父さん、ありがとう、お父さん、ありがとう。……」泣きながら、四、五十歳位いの男性の声。と切れと切れに、これが何度続いただろう。だが、段々声は弱く、かすれる。

やがて十分ほどして、別の男性の声。「今故人の脈は途絶えました。瞳孔は開いていますが、何の反応もありません。ですから、お気の毒ですが、お父さまは只今ご臨終です。死亡されました。今一月二十九日午後十一時○分、○○○○（医師が自分の姓名を告げた）。

令和五年一月二十七日の正午近く、私は龍泉院の客殿屋根を掃除し、次に雨樋いを掃除し、終了を確認した後、降りるべく梯子に足を掛けて二、三歩降りた時、梯子が滑り、五メートルほどの高さから梯子と一緒にコンクリートのたたきにたたきつけられて人事不省。すぐ明石住職が飛んで来て、私を抱起して椅子に座らせたが、一分位いで椅子からくずれ落ちた。住職は驚き私の家内に告げ救急車を呼ぶ。柏消防署東部地区の隊員が駆けつけ、提携の名戸ヶ谷我孫子病院へ搬送。

あとは後日の聞き書き。病院も高齢の老務者風の者が血達磨で搬入されて驚いた由。私は用務員と家内の入り交じった声を聞いたのみで、専ら「痛い痛い」と絶叫していたと。一日置いて二十九日に全身麻酔で手術。麻酔が醒めた夜中に、企らずもカーテン一枚を隔てて聞こえてきたのが右の臨終シーンだった。

寺の住職は、ふだん遺族から死亡者の様子を恒常的に聞く。だがそれは、遺族が近親の死亡者の実情を受け容れてからであり、当事者同士の対話や態度は不可視であり不明である。故に右の体験的聴聞は、私にとり実に大きな臨床体験であり、宗教者として企らざる聴聞であった。

憶えば、この時の己れは、自分の生死を彷徨(さまよい)している最中だったのだ。もし己れの妻子が眼前にいたらば、果たしてどんな態度をとったであろうか。また、ふだんは疾患を治してくれるのが医師の役割としか見ていなかったが、いやしくも人の臨終に直面することが時たまあり、深刻な場面に遭遇するだけでも、我々僧職よりも深く広い学識や宗教性を具えていなければならない。こんな問題をこの年と境遇を通して初めて知った。

従って僧職者は、かかる問題や事例を話題にすらしない傾向があるのは恥ずべきではないか。日常から最も関心の高いことは、葬斎や儀礼の巧拙のみではないか。このように思い、この体験は私にとって文字通り愕然とさせられた重要な問題であった。

當院常什宝簿

佛殿常在之部

今上皇帝　尊牌　壱本
御鏡　壱対　壱枚
本尊上品釈迦如来　壱躰
脇立　釈迦如来　壱躰
脇立如意輪観世音　壱躰
誕生佛釈迦如来　壱躰
厨子入子安観世音　壱躰
厨子入子安観世音　廿六世新添　壱躰
厨子入　天満宮　壱躰
大権菩薩　尊像　壱躰
達磨大師　尊像　壱躰
涅槃像　壱軸
永平開祖　尊像　壱躰
当院開山　尊像　壱躰
十界之図　廿七世新添　壱軸

真鍮燭臺　廿六世代　壱対
真鍮花瓶　廿六世代　壱対
真鍮香爐　廿六世代　壱箇
真鍮燈籠　廿六世代　壱対
花堂　涅槃用　壱箇
磬子　机付　十九世代　壱箇
木魚　蒲団付　壱箇
手磬　壱箇
中磬子　壱箇
太鼓　壱箇
殿鐘　廿五世代　壱箇
大鐘　十六世代　壱箇
宝蓋　壱約
見臺　壱箇
施餓鬼棚　壱通
水引　廿七世代　壱通
白木綿幕　廿七世代　壱帳
寺鋪　廿七世代　壱枚

木花瓶　無之　壱対
拝席　壱枚
銭箱　廿六世代　壱箇
鳴鉢　半対
楽鼓　壱箇
銅鑼　無之　壱箇
霊膳　椀付　壱膳
仏餉銅器　十四世代　十二

（以下、後代の書込み）

当山廿八代新添
茶湯器　菓子臺　壱組
一　本堂蔺間　施主　秋元四郎兵衛胤重
宝暦二年申極月　当院十五世湛龍代
右彩色　施主　当村十九夜待道女人講中
当院廿七世浄心代　明治十五年二月二十三日

明治十二年卯六月

一　本堂額面　壱枚
寄附人　当村染谷小平衛
当山廿七世浄心代

明治廿年亥七月
一　山門額面　壱枚
寄附人　当村古川三郎右衛門出生
横濱相生町三丁目　山口平三郎
古郷の　みのりにかけし　一葉にそ
なきたらちねの　かたみなるらむ
当山廿七世浄心代

明治廿五年度　当山廿八世亮然代
一　山門敷石
寄附主　石井与五右衛門

廿九世代新添部

大正二年度当山廿九世大由代

一　曲彔　施主　染谷勘矢衛
　　　　　　　　染谷吉右ヱ門

同年度
一　座褥　施主　同両家

同年度
一　香臺　施主　同両家

大正元年八月十六日
一　盤子布団　壱枚　施主　古川利子

大正三年八月　当山廿九世大由代
一　真鍮燭臺　壱対　観音堂用
　　施主　石井八良左衛門　隠居　鶴蔵

大正元年八月
一　銅鑼　壱個　施主　染谷吉右ヱ門

大正四年八月十六日　爲　源覚洋明清居士菩提
一　打敷　弐枚　施主　亀嶋鬼市　母みつ

同年同月
一　磬子机掛　壱枚　施主　同人

同年同月十六日
一　磬子蒲団　貳枚　施主　細川とし子

同年八月十六日　為宝山寿光大姉菩提
一　米飯櫃　貳個　施主　石井八良左ヱ門

大正五年五月結制之辰
一　太鼓　壱対　施主　染谷伊兵衛

同
一　鐃鈸　壱対　施主　同人

同
一　手磬　　壱対　施主　同人
右三対　東京芝海老屋ニテ求之

大正五年五月結制之辰
一　説教高座　廿九世新添

大正五年八月
一　真鍮燭臺　　壱対　施主　石井勘左ヱ門

大正五年五月結制之辰
一　高机　　壱脚　新調

大正六年八月十六日
一　縮緬幕　　壱張　施主　染谷源作　染谷録之助

大正九年八月
一　花莚　　本堂大間　施主　染谷吉右エ門

大正九年八月
一　拝敷　　一枚　施主　小泉五右エ門

大正十年八月十六日
一　磬子台　　施主　染谷豊吉
為　慈光院潭山祥瑞清居士
　　慈明院寛応妙瑞清大姉

廿九世代修繕及新設部

明治四十四年秋
一　物置屋根　葺替

大正三年四月
一　稲荷堂　　再建　　区内寄附

一　石地蔵尊像　　七躰
施主　石原はま子

大正五年五月結制之辰
彩色部　佛師布佐町中臺
一　永年開山　施主　長妻権兵衛
一　当院開山　　　　石井金左ヱ門
一　達磨大師　　　　染谷勘兵衛
一　大権尊　　　　　染谷久左ヱ門
一　今上牌　　　　　廿九世
一　開基牌　　　　　石井八良左ヱ門
　　　　　　　　　石井八兵衛
一　本堂内外壁塗替
一　本堂正面　半戸　半障子　扉共　改作
一　本堂裏　知殿寮　便所　新築
（以上、後代の書入れ）

庫司常在之部

韋駄天尊像　　　　　　壱躰
釈迦如来小像
　十五世新添　方丈内佛也　弐躰
小　磬　　　　　　　　壱箇
肉于之雨龍　　　　　　箱入
鈴　無之　　　　　　　壱箇
過去簿　箱付　　　　　五冊
雨龍　無之　　　　　　壱軸
前箱　　　　　　　　　壱箇
茶地　錦裏付　無之　　壱肩
袈裟　坐具付
鳶色呂衣　無之　　　　壱枚
錫杖　　　　　　　　　壱本
机硯　　　　　　　　　壱通
八寸膳　廿六世代　　　弐十人前

椀　廿六世代　貳十人前
坪　廿六世代　貳十人前
平　廿六世代　貳十人前
瀬戸皿　貳十人前
箱膳　貳十人前
吸物椀　廿六世代　十人前
猪口　廿五世代新添　十人前
飯臺　臺通十脚
長持　無之　壹箇
坐肉　無之　臺枚
瀬戸焼　錦形付
茶碗　高臺付　無之
瀬戸火鉢　廿六世代新添　無之　臺対
箱火鉢　廿七世代新添　臺対
貳斗釜　壹箇
五舛釜　壹箇
三舛釜　壹箇
中鍋　無之　壹箇

中鍋　壹箇
茶釜　壹箇
五七蚊帳　臺帳
伴蚊帳　臺帳
夜具蒲団　廿七世代　無之　臺人前
伴蒲団　臺人前
貳俵入　飯米箱　廿六世代　壹箇
飯櫃　貳箇
擂鉢　壹箇
暗燈　貳箇
紋付弓張　壹箇
木臼　貳箇
石臼　壹箇
四斗樽　八本
階子　貳丁
三間二尺階子　廿七世代　壹丁
大半切盥　壹箇
洗濯盥　壹箇

風呂桶　無之　　　　　　　　　　　壹箇
一金六圓参拾壱銭　　　　　　　　　椀代
納金一金二圓五拾銭　　　　　　　　村中
同　一金壱圓也　　　　　　　　　　当院
同　一金五拾銭　　　　　　　　　　普門品講
　一金三圓也　　　　　　　　　　　特斉講
　一金参拾銭　　　　　　　　　　　茶椀代
廿七世浄心代　時済世話人　石井八郎兵衛
明治拾参辰年一月吉日　同　石井織右ヱ門
坪平付弐拾人前茶碗者三拾也　同　法願衆中
一　鍋　時済講中寄附　但シ三十人鍋　一箇
右ハ二十七世浄心代
廿九世代新添部
大正三年八月新調
一　飯臺　廿九世新添　　　　　八脚

大正五年五月結制之辰
一　真鍮火鉢　　　　　　　　　　　　　　　弐箇
施主　江口七良兵衛　当主　幸太郎
大正五年五月結制之辰
一　風呂桶　　　　　　　　　　　　　　　　壱箇
同
一　高茶臺　寺院用　　　　　　　　　　　　三個
昭和十年八月
一　四畳替（本堂大間、室中）
一　襖張替（本堂四枚）
一　壁張替（本堂本尊奉安所）
（五拾七円七拾六銭相当）
爲先祖代々菩提
施主　石井元助
染谷修三
石井岩吉

昭和十五年八月
　蓮造花　　　　　　　　　　　　　　　壱対
　　　　為新盆菩提　施主　江口七郎平
角香炉　　　　　　　　　　　　　　　　一
香台　　　　　　　　　　　　　　　　　一
為春光禅映童女七回忌菩提　施主　亀島鬼市
　　　　　　五十三円相当
昭和十六年八月十六日
見台　　　　　　　　　　　　　　　　　一
　　　　　　　　　　　施主　亀島鬼市
　　為　本覚妙満清大姉　常翁開倫信士
昭和　年
上敷蓙（十畳用）　　　　　　　　　　　一間
為　創興軒實翁重清居士新盆菩提
施主　　　東京大井町　　山口常太郎
　　　　　　　　　　　　〃とよ
　　　　　　　茨城県井野台　成島たま
上敷蓙（八畳用）
　　　為　善覚高清大姉新盆菩提
　　　　　　施主　石井勘次郎

地所之部

七拾八番字向寺
一　林壹段廿六歩　比地代金五圓也
貳千百四十五番字庚申前
一　林貳段壱畝拾八歩
　内　壹段三畝拾七歩　比地代金七圓也
右之林旧郷分ニ有之候処明治九年地租改正ニ付村内一同協議之上本文之金額ヲ以テ買請候也
　　　泉村地租改正事務掛
明治十一年二月八日　　　　　江口七郎兵衛

同　山桐幸助
立会人　古川三郎兵衛
染谷伊兵衛
染谷勘兵衛

当山廿七世　安達浄心代

（以上、後代の書入）

（以下、原本の跋文）

夫有此身者、有煩悩。煩悩有病、惑病同躰、而一妄間也。然有大因縁、得袈裟下、投人身、只滅比妄有耳。非可有他念也。然則逢煩悩苦患、而買却常什物、荘厳自己、求名利人多。是於祖門下、可難玉也。古人云、誠惜常什物、如自己眼睛云々。然則損物者、補綴是不足者新添、是不犯一毫什寶、則実可謂人天主可。余

有因而止宿当地、而頼参序、山主云、愚衲住山数年、而難周旋庫司、無常住之物記録。依是綴帳冊、出写什宝、請為後人。依而難余不肖覧察山主厚宣、抛燈不筆硯、出記壱冊備置。当地庫司見人、察余不学。嗚呼慚愧、頓首拝白。

維時明治第六葵酉年九月　書記　湖月[印][印]

龍泉廿七世　浄心代録之

（誤字は訂正　句読点椎名）

あとがき

「はしがき」で述べたように、私はおこがましくも、本書中に自分の体験や見聞や憶測などを忌憚なく述べさせていただいた。思えば私は、龍泉院というさして大きくない寺院を舞台に、住職業五十三年の間に、禅活動のシンボルといえる坐禅堂一棟を含む建物を大小二十棟を建立、三棟を寄托保管させていただいた。参禅会は五十年を継続し、様々な活動をしていただいた。

今これを想うに、建物はみな改築がさし迫った状態にあり、止むを得ず改築に着手したに過ぎず、私の功績でも何でもない。むしろ私はそんな状態に置かれた事を感謝している。みな檀信徒さんなどの有縁の方々による浄業であり、事務と宗教儀礼執行に微力を尽くした私だけでは何もできなかったであろうとの思いが強い。むしろ、無意識のうちに福祉活動をして、結果として珠算塾舎を建てたり、梅花講を組織して活動した妻瑞恵の努力精進は、それなりに評価してよいであろう。

私は寺の事務よりも特に努力した事といえば、専攻の中国禅籍研究のために、中国大陸を中心に、二十数回に亘り中国・韓国・香港等を訪問したこと、宗門の文化財調査のために、三十六年間に全国数百カ寺を訪問調査したこと、それに高校時代からの趣味で、全国三千m以上の高山二十三座を三十回以上も登攀したことなどであり、これらは皆関連してはいるものの、それぞれの分野での営為にすぎない。こんな分野の営為で寺を空けた時、妻はいつも凛として有難くも寺を護持していてくれた。

いま寺の次代は、血縁でも法縁でもない第三十二代の明石直之住職に引き継がれたが、今後は私とはまた異なる分野で、新たな業績を残してくれる事と確信する。また参禅五十年という間に数々の偉業を成し遂げた参禅会は、すでに新しい五十年を視野に入れての展開という動きを開始している。お若い会員さん達の活動を期待し祈ること切である。

最後に、私が令和三年以来の病気と大怪我で歩行不自由となり、車イスでの本書草稿執筆中、特に千葉・柏リハビリ病院の若見新奈様・石井雄一郎様・若林卓様を中心とする理学療法士の皆様方には、終始変わらず私を元気づけて下され、また文具をご提供下されるなど、本書の成立にご支援下さった事に衷心から感謝申し上げます。それと、寺を離れた現在の寓居ヴィラ・ナチュラの従業者皆様方による温情あふれる所作万端にどれだけ助けられたか到底筆舌に尽せません。ここに満腔から深謝申し上げます。そして掉尾になりましたが、今回もまた本書の刊行を引き受けて下さったたけしま出版竹島いわお様に篤く御礼を申し上げる次第です。

令和六年一月十日

龍泉院東堂　椎名宏雄　九拝

著者略歴

椎名宏雄（しいな・こうゆう）

1934 年、東京都生まれ。千葉県立東葛飾高校普通科卒。
駒澤大学大学院人文科学研究科博士課程満期退了。
駒澤大学大学院仏教学科講師（30 年）、沼南町史編纂委員、
同文化財保護委員、柏市史編纂委員、同文化財保護委員会会長、
曹洞宗龍泉院住職（63 年）、同参禅会主宰（50 年）、同総合研究センター研究員、
同文化財調査委員（36 年）、同参禅道場主宰

著述に『続曹洞宗全書』10 巻（編）、『禅学典籍叢刊』14 巻（共編）、『五山版中国禅籍叢刊』13 巻（編）、『曹洞宗近世僧伝集成』（編、曹洞宗宗務庁）、『曹洞宗近世僧伝集成（編、同）』、『曹洞宗近代香語集』3 巻（編、同）、『宋元版禅籍の研究』（大東出版社）、『洞山』（臨川書店）、『やさしく読む参同契宝鏡三昧』（大法輪閣）、『沼南の宗教文化誌』（たけしま出版）、『沼南の宗教文化論集』（自家）、『宋元版禅籍の文献史的研究』3 巻（臨川書店、刊行中）、その他自家出版数点、論文約 100 点。

続 沼南の宗教文化誌

2024 年（令和 6）1 月 30 日　　第 1 版発行

著　者／椎名宏雄
発行人／竹島いわお
発行所／たけしま出版
〒 277-0005　千葉県柏市柏 762　柏グリーンハイツ C204
TEL　04（7167）1381（FAX 同じ）
振替　00110-1-402266
印刷製本所／戸辺印刷